SATIRES

ET

CHANTS

PAR AUGUSTE BARBIER

Auteur des *Iambes*

ÉROSTRATE, POT-DE-VIN,
CHANTS CIVILS ET RELIGIEUX,
RIMES HÉROÏQUES.

PARIS

PAUL MASGANA, LIBRAIRE-ÉDITEUR
12, GALERIE DE L'ODÉON

—

1853

SATIRES ET CHANTS

— PARIS —
IMPRIMERIE DE J. CLAYE ET Cie
RUE SAINT-BENOÎT, 7

SATIRES

ET

CHANTS

PAR AUGUSTE BARBIER

Auteur des *Iambes*

ÉROSTRATE, POT-DE-VIN.
CHANTS CIVILS ET RELIGIEUX.
RIMES HÉROÏQUES.

PARIS

PAUL MASGANA, LIBRAIRE-ÉDITEUR
12, GALERIE DE L'ODÉON
—
1853

Sous le titre de *Satires et Chants*, je réunis pour la première fois en un seul volume trois de mes ouvrages parus en 1840, 1842 et 1843. Cette édition, revue avec soin et augmentée de plusieurs pièces, fait suite à celle des *Iambes*. C'est le développement de la même pensée sous des formes différentes, le même désir du bien manifesté soit par l'éloge, soit par le blâme. Puisse ce nouveau recueil, moins connu que le premier, attirer encore l'attention du public; puisse-t-il me conserver son estime!

A. B.

Novembre 1852.

SATIRES DRAMATIQUES

—◇—

ÉROSTRATE

POT-DE-VIN

—◇—

1840

« Le titre d'Érostrate indique suffisamment quelle a été l'intention de l'auteur dans sa première Satire. Sous le masque antique il a cherché à peindre une maladie très-commune de nos jours : la soif du bruit et de la célébrité, en un mot la médiocrité ambitieuse allant à la renommée par le crime. La seconde est toute politique. On appelle en France *Pot-de-vin* ce qui se donne par manière de présent au delà du prix convenu pour un marché, et, par analogie, ce qui se donne en argent d'une façon secrète aux hommes puissants, afin d'en obtenir des honneurs ou des places. Le personnage idéal de *Pot-de-vin* a donc été pour le poëte le symbole de cette corruption sourde qui, selon lui, tend à altérer les brillantes qualités de la France, à affaiblir son sens moral au profit de son égoïsme, à lui ôter son caractère chevaleresque, et à la faire déchoir de son ancienne grandeur. Il lui a semblé, comme à bien d'autres, que l'avenir des peuples ne devait pas être placé entièrement dans le bonheur matériel, mais aussi dans la dignité de l'âme et dans l'humanité.

Ces quelques lignes explicatives des idées de l'auteur, relativement au fond et à l'intention de ses deux Satires, sont tirées de la préface mise en tête de l'édition de 1840. En ce qui concerne la forme, il se contentera d'ajouter que l'une est une sorte de poème tragique dialogué, et l'autre une imitation de la comédie allégorique d'Aristophane, celle de la Paix, par exemple, moins la bouffonnerie et l'antique licence

ÉROSTRATE

DRAME

PERSONNAGES

ÉROSTRATE.
LA PIÉTÉ.
LA BEAUTÉ.
MNÉMOSYNE.
UN VIEILLARD.
UNE JEUNE FILLE.
UN PILOTE.
LES TELCHINES, DIEUX SOUTERRAINS ET MALFAISANTS.
LES MÉGABYZES, PRÊTRES DE DIANE.
HABITANTS D'ÉPHÈSE.
PATRES DE LEMNOS.
NAUTONIERS DE CORINTHE.
UN ALCYON.
DES HIRONDELLES.

1

L'ILE DE LEMNOS

———

Collines au bord de la mer éclairées et brûlées par un large soleil ; Érostrate est couché près d'une source d'eau vive qui coule au pied d'un rocher.

UNE JEUNE FILLE.

Elle arrive, en portant une amphore à la main et en chantant.

Quand le chardon fleurit, quand les vertes cigales,
Secouant sur les pins leurs ailes matinales,
    Font un bruit enchanteur,
C'est l'été, c'est le temps où le vin est meilleur,

Où la chèvre est vivace,
Et le pâtre amoureux plein de rusé et d'audace.

ÉROSTRATE.

Que cette fille est belle, et comme son beau sein
S'agite, aux feux du jour, d'un mouvement divin !

LA JEUNE FILLE.

Je ne sais ce que veut cet homme qui soupire,
Mais il me fait des yeux comme un vautour d'Épire !

ÉROSTRATE.

Quelle taille puissante, et que ce corps mortel
Me semble favorable au labeur maternel !
Ah ! si les dieux voulaient, dans cette solitude
Je pourrais mettre un terme à mon inquiétude.

LA JEUNE FILLE.

Si j'avais écouté mes frères et leurs cris,
Je n'aurais point marché sans mes dogues chéris.

ÉROSTRATE.

Immortalité sainte, ô mon noble délire !
But suprême où mon âme incessamment aspire,
Ah ! la gloire n'est pas le seul vaste chemin
Qui nous mène à jouir de tes splendeurs sans fin !
L'amour, l'amour aussi prolonge sur la terre
Des fragiles humains l'existence éphémère ;
Et grâce au feu toujours ardent de son flambeau,
La brute même échappe aux horreurs du tombeau.
Oui, partout où les dieux font rayonner la vie,
Les êtres quels qu'ils soient partagent mon envie ;

Et l'impur sifflement des serpents accouplés
Sous les pans caverneux des rocs amoncelés ;
Le cri sourd des lions fécondant leurs compagnes ;
Le doux frémissement des arbres des montagnes ;
Le chant pur des oiseaux sous la voûte de l'air ;
Et l'élan monstrueux des enfants de la mer ;
Tous les actes d'amour épars dans la nature,
Sont les rébellions de chaque créature
Contre l'affreux néant. L'hymne de volupté
N'est qu'un large soupir vers l'immortalité.
Ah ! tout sent le besoin d'éterniser son être,
De conserver sa forme ainsi qu'elle a pu naître ;
Tout en son vague instinct a le ferme désir
D'être comme les dieux, de ne jamais mourir.

Il se lève.

LA JEUNE FILLE.

Certainement cet homme a la tête malsaine,
Et je tremble qu'au mal sa fièvre ne l'entraîne.

ÉROSTRATE.

O toi, qui viens puiser dans ces lieux sans honneur,
Une onde salutaire et pleine de fraîcheur,
Ah ! puisses-tu calmer la soif qui me dévore....

LA JEUNE FILLE.

J'ai peur, et je m'en vais sans remplir mon amphore.

ÉROSTRATE.

O superbe naïade, arrête, ne fuis pas ?

Il s'élance après elle.

LA JEUNE FILLE.

A travers ces rochers, pourquoi suivre mes pas?

ÉROSTRATE.

Ta beauté me ravit : Je me sens dans les veines
Bouillonner à grands flots des flammes souveraines,
Les chaleurs de Vénus, la mère des humains.

LA JEUNE FILLE.

Satyre! éloigne-toi, n'approche pas tes mains!

ÉROSTRATE.

Écoute : Amour et Pan veulent un sacrifice;
Et les bois et les monts, le ciel, tout est propice;
La mer dort en son lit, le vent dans les buissons;
La cigale au soleil a fini ses chansons;
L'ombre épaisse descend du haut de la colline ;
Et Diane, aujourd'hui, t'abandonne à Lucine.

LA JEUNE FILLE.

Homme, si tu n'as point perdu toute raison,
Laisse là ma tunique et tourne le talon,
Ou je fais de mes cris retentir la montagne.

ÉROSTRATE.

O fille des pasteurs que la force accompagne!
Ne me repousse pas, nymphe à la brune beau!
Je suis ton bouc chéri, le mâle du troupeau.

LA JEUNE FILLE.

Grands dieux! préservez-moi de sa bouche lascive!

ÉROSTRATE.

Viens, viens sous le couvert de cette roche vive ;
Et là, par notre hymen et nos transports joyeux,
Rendons jaloux de nous les nymphes et les dieux !

LA JEUNE FILLE, se débattant

O nymphes des vallons ! ô dieu Pan ! ô mes frères !
Venez, secourez-moi de vos bras tutélaires !

UN PATRE, avançant au sommet de la colline.

Avez-vous entendu, mes frères les pasteurs,
Ces lamentables cris partis de la vallée ?

UN AUTRE PATRE.

C'est le cri d'une de nos sœurs
Qu'on outrage, et qui fuit pleurante, échevelée !

LES PATRES.

Descendons tous du haut des monts,
Avec nos chiens et nos bâtons,
Descendons, pasteurs, descendons !
Il faut que le méchant qui poursuit nos compagnes,
Subisse le prompt châtiment
Que Pan inflige rudement
A tous les destructeurs du repos des campagnes.

ÉROSTRATE.

Que voulez-vous de moi, Cyclopes furieux,
Vils humains recouverts de vêtements hideux,
Pâtres aux cheveux noirs, à la peau sale et rance ?

LES PATRES.

Infâme, nous venons punir ton insolence,
Arracher cette fille à tes bras vigoureux !

ÉROSTRATE.

Cette femme est à moi par l'amour et ses feux !

LA JEUNE FILLE.

Frères, n'écoutez point cette parole impie !

LES PATRES.

Arrière, si tu veux qu'on respecte ta vie !

ÉROSTRATE.

Je ne vous connais point, ô bouviers ignorants !

LA JEUNE FILLE.

Frères, lâchez sur lui vos dogues dévorants.

ÉROSTRATE, il arrache une branche d'arbre.

Arrêtez, ou ce bois armé de pointes noires
Brise, à coups redoublés, leurs reins et leurs mâchoires.

UN VIEILLARD.

Jeunes gens, jeunes gens, d'où viennent ces combats ?
Pourquoi contre cet homme invoquer le trépas ?
Suspendez à ma voix votre bras redoutable !

LES PATRES.

O magistrat puissant ! ô père vénérable !
C'est la main de Thémis qui vous guide en ces lieux !
Rendez-nous la justice ; au nom sacré des dieux,
Punissez ce méchant par un arrêt sévère !

LE VIEILLARD.

Enfants, pour exciter votre ardente colère
Qu'a-t-il fait?

LA JEUNE FILLE.

   Comme un loup par la faim excité,
Ce jeune homme soudain sur mon corps s'est jeté,
L'œil allumé d'un feu lascif, illégitime....

LE VIEILLARD.

Ce que dit cette fille est-il vraiment ton crime?
Parle, réponds?

ÉROSTRATE.

   J'ai fait ce qu'un dieu fortuné
Fit jadis sur la terre en poursuivant Daphné;
Ce que fait tous les jours, le rire sur les lèvres,
Pan, le vieux protecteur des bouviers et des chèvres,
Lorsque son œil furtif, planant du haut des monts,
Voit des nymphes dormir dans le creux des vallons.

LES PATRES.

Vous l'entendez encor, c'est un dieu qu'il outrage!

LE VIEILLARD.

Ne mêle pas les dieux, jeune homme, à ton langage!
Mais dis-moi d'où tu sors, quel est ton lieu natal,
Et qui peut t'entraîner à cet acte brutal?

ÉROSTRATE.

Je suis un étranger errant par aventure
Sur ces bords désolés; ma coupable luxure

Est le crime éternel de tous les animaux
S'accouplant, nuit et jour, dans l'air et sous les eaux,
Pour ne jamais laisser le feu de l'existence
Un seul moment s'éteindre en l'univers immense.
Ah! l'effroi du néant s'est emparé de moi,
Je redoute la mort; voilà, voilà pourquoi,
Du vin pur de l'amour ivre comme un satyre,
J'ai saisi cette fille, et, la tête en délire,
J'ai tenté de bâtir sur son sein agité
Le temple somptueux de ma postérité.

LE VIEILLARD.

Qui que tu sois, jeune homme à la parole ardente,
Le sophisme jaillit de ta lèvre impudente ;
Tu te trompes sur l'homme, et ses désirs puissants
Ne peuvent tendre au ciel par la route des sens.
L'enfant de la déesse engendrée avec l'onde
Du même javelot n'atteint pas tout le monde.
Il a pour l'animal un aiguillon d'airain,
Mais ses nobles traits d'or volent au cœur humain.
Il faut, pour que l'amour joigne l'homme à la femme,
Que dans leurs seins brûlants l'âme réponde à l'âme ;
Sinon, l'amour n'est plus que l'élan détesté
De la brute en chaleur. Ah ! sans la chasteté,
La paix ne mettrait point son pied blanc dans les villes,
Les forêts et les champs ne seraient point tranquilles,
Et les dieux n'oseraient y venir quelquefois ;
Malheur donc au mortel qui transgresse les lois,
Et qui ne comprend pas le vœu de sa nature :

Qu'il soit traqué partout comme une bête impure !

ÉROSTRATE.

O nature immortelle ! ô mère des humains !
Oh ! comme l'on remplit ici-bas tes desseins !
Comme l'homme est stupide, et comme il se retranche
Les élans qu'en son cœur ta main divine épanche !

LE VIEILLARD.

Jeune homme, sur mon front la main lourde du temps
A gravé la sagesse en sillons éclatants ;
Mais le tien, enflammé des rougeurs de la vie,
Me semble tout empreint du sceau de la folie.
Insensé qui ne peux contenir tes humeurs,
Tu viens d'épouvanter de paisibles pasteurs
Et de porter le trouble au sein de leurs familles :
Pour garantir l'honneur des femmes et des filles,
La pudeur et la paix veulent que de ces lieux
Tu partes à l'instant, ô jeune audacieux !
Et la première voile abordée à la plage
T'emportera soudain sur quelque autre rivage.

ÉROSTRATE.

Vous êtes les plus forts ; eh bien ! aux flots amers
Livrez-moi, jetez-moi sur des rochers déserts,
Au fond des vastes bois qui noircissent la Thrace,
Ou sur des monts blanchis d'une éternelle glace.
Sous les coups de l'hiver, sous les feux de l'été,
Dans quelque lieu terrible où je sois emporté,
On n'empêchera point que je sente tes flammes,

Grande immortalité! désir des fortes âmes!
Car partout est la mort, et son vent destructeur
Partout au cœur de l'homme inspire la terreur.

LES PATRES.

Là-bas, au pied des monts que la vague déchire,
Voici des nautoniers qui chargent un navire :
Hâtons-nous de les joindre, et qu'avec eux sur l'eau
Ils emportent bien loin ce satyre nouveau.

ÉROSTRATE.

Oui, brutes, je vous suis : ah! de l'onde elle-même
Que n'ai-je la terreur et le pouvoir suprême!
Loin de heurter la terre et le pâle mortel,
J'irais briser du front les hauts remparts du ciel!

LE VIEILLARD.

Celui qui tourne au mal une forte pensée
Est tout à fait semblable à la vague insensée
Qui, dans ses bonds hardis et ses jets écumeux,
Prodigue vainement des pouvoirs merveilleux.
Mais celui qui sait faire une noble et sain usage
Des dons qu'il a reçus de Minerve la sage,
Est comme un bon marin, un pilote au cœur fier,
Qui, tout chétif qu'il est devant la grande mer,
Courbe à ses pieds vainqueurs la vague mugissante
Et mène jusqu'au port sa barque chancelante.
Enfant, remplis ce rôle, il est noble et plus sûr
Que le rôle où te pousse un mouvement impur.
Ne cherche que le bien ; c'est la seule puissance

Qui subjugue la mort : à la divine essence
C'est par là qu'on retourne, et que montent aux cieux,
L'homme tout transformé devient semblable aux dieux.

LES PATRES, entraînant Érostrate.

Allons, pasteurs, louons le maître du tonnerre
Qui nous a suscité ce vieillard, ce bon père,
Pour punir l'insolence et ses lâches desseins :
    D'un pied joyeux frappons la terre,
Et partons en chantant l'arbitre des humains.

LA JEUNE FILLE.

    Moi, vers l'antique fontaine,
Je retourne puiser l'onde fraîche et sereine,
Sans crainte de revoir à travers les halliers
Bondir un loup sauvage aux regards meurtriers :
Nymphes des monts, amantes des fougères,
Vous qui m'avez déjà préservé de malheur,
Protégez-moi toujours, Oréades légères,
    Protégez votre sœur !

LES PATRES.

    Et toi, vieux Pan aux épaisses narines,
    Joyeux coureur des champs et des collines,
Tandis que nous allons livrer ce fou pervers
    Aux bruns-enfants des mers,
Veille sur nos troupeaux dans tes courses divines !
    Dieu de Cylène anime leur repos,
    Viens leur chanter des airs gais et nouveaux !
Et que nos buffles noirs, dans le creux des ravines,
Dorment aux bruits flatteurs de tes savants pipeaux.

II

LA MER

CHANT DES MATELOTS

Déjà le pur soleil de la voûte azurée
  A quitté le milieu ;
Hypérion incline à la vague empourprée
  Ses chevaux tout en feu.
Ah ! lorsque de nouveau précipités dans l'onde,
  Ils reboiront les flots,
Nous serons près de voir la barque vagabonde
  Et nos bras en repos.
En attendant la fin de notre long voyage,
  Courbons-nous sur les bancs,

Fendons la vague bleue, et pendus au cordage
    Tournons la voile aux vents.
Travaillons nuit et jour, observons sans relâche
    Et les flots et les cieux ;
Faisons suer nos corps ; à la tâche, à la tâche !
    Le travail plaît aux dieux.
O souverain puissant de la plaine liquide,
    Vieux père aux larges reins !
O protecteur sacré de la barque rapide,
    Dieu des retours sereins !
Océan loin de nous pousse les noirs orages
    Qui flottent sur ton front ;
Écarte sous les eaux la cause des naufrages,
    L'écueil vaste et profond !
Ah ! puissions-nous, amis, aux rives désirées
    Revenir tous vivants,
Et presser dans nos bras nos femmes éplorées
    Et nos petits enfants !

LE PILOTE.

Le vent est bon, la voile est tendue, et la proue,
Comme un soc laboureur, dans l'onde qui se joue
Trace un étroit chemin d'écume recouvert.
Quel plaisir de mener sur le flot calme et vert
Une barque légère, au rapide sillage,
Et qui porte en ses flancs un docile équipage !

ÉROSTRATE.

Pilote intelligent, ô toi qui sur les flots,

Les yeux tournés au ciel, guide ces matelots!
N'es-tu point fatigué de consumer ta vie
Au stérile labeur d'une pauvre industrie,
De sillonner toujours l'abîme souverain
Pour un maigre salaire et pour un faible gain,
De passer sur les mers comme le vent y passe,
Sans y marquer ta route et laisser d'autre trace
Que l'écume du flot qui s'écroule sans bruit,
Et comme la poussière au ciel monte et s'enfuit?

LE PILOTE.

Je fais ce qu'avant moi toujours ont fait mes pères;
Je cours dans tous les sens sur les vagues amères,
Ne songeant qu'à bien vivre et bien prendre le vent :
Le reste est incertain sur l'Océan mouvant.

ÉROSTRATE.

Ah! ce grand cœur qui bat sous ta large poitrine,
Ce courage hautain, cette vertu divine
Qui fait que jour et nuit, au rebours des humains,
Tu contemples sans trouble et les regards sereins
La foudre en traits de feu descendant sur ta tête;
Ce cœur fier qui te fait dédaigner la tempête,
Braver les noirs écueils et les monstres nageants,
Ne te fut pas donné par les dieux indulgents
Pour ne tirer des mers qu'une vile pâture,
Et, comme un pauvre oiseau manquant de nourriture,
Disputer avec peine à l'humide élément
L'algue verte qui court sur le flot écumant.

LE PILOTE.

Mes désirs sont bornés; et le peu de courage
Que la bonté des dieux m'a remis en partage,
Sert à sauver parfois des écueils et des flots
Les vins que je conduis de Corinthe à Sestos.

ÉROSTRATE.

Laisse, laisse Sestos, Corinthe et ses collines ;
Laisse Bacchus se fondre en ondes purpurines,
Et d'autres recueillir le jus des pampres verts :
De plus nobles travaux t'attendent sur les mers.
Je sais, au sein des flots, au fond de l'Atlantique
Je sais une grande île, une île magnifique
Où navires mortels n'abordèrent jamais.
Là, sur cet heureux sol, vrai séjour de la paix,
Les dieux ont répandu comme à pleines corbeilles,
Sous mille beaux aspects, les plus rares merveilles.
Là, les fruits les plus doux, des cieux toujours d'azur,
Et des fleuves roulant les perles et l'or pur.
C'est là, nous le dit-on, que le divin Achille
Et le fier Diomède, au brodequin agile,
Habitèrent longtemps ensemble après la mort.
Eh bien ! roi de la mer, pilote sage et fort,
Ces beaux lieux seraient-ils indignes de ta peine ?
L'honneur de découvrir une terre lointaine
Ne vaut-il pas celui de conduire à Sestos
Tous les parfums de Smyrne et les bois de Naxos !
Par la blanche Téthys, si tu daignes me croire,
Tu peux cueillir les fruits d'une immortelle gloire,

Tu peux, en poursuivant la route que les dieux
Me montrent à travers les flots injurieux,
Renouveler le temps des fameux argonautes :
Enfonçons donc la proue au sein des vagues hautes,
Et, rapportant aux Grecs quelques riches toisons,
Montons au rang des dieux comme d'autres Jasons.

LE PILOTE.

Il m'importe fort peu que la famille humaine
Admire mes vertus et de moi se souvienne,
Et qu'une fois en proie au trépas flétrissant
Je laisse dans le monde un nom retentissant.
Vivre sans trop de peine et sans souffrance amère
Est l'unique souci de mon âme sur terre :
La gloire n'est qu'un bruit par l'écho répété
Que le moindre zéphyr a bien vite emporté.

ÉROSTRATE.

O pilote! la gloire est mieux qu'un vain nuage
Qui se fond sans laisser trace de son passage,
Elle est mieux qu'une ride, un sillon murmurant
Que le vent sur les flots creuse et ferme en courant;
Elle est chose solide et de longue existence,
Car l'homme qui l'enfante est de divine essence.

LE PILOTE.

L'existence de l'homme est un point dans le temps;
Son corps un composé d'étranges éléments ;
Son ame une vapeur, une haleine inégale
Qui s'échappe du sang et dans les airs s'exhale ;

Sa fortune changeante une profonde nuit ;
Sa renommée un songe, et son nom un vain bruit.
Pour tenir sur la terre une plus large place,
Pour vivre et s'agiter un peu plus dans l'espace,
L'homme a le même sort que tous les animaux
Qui rampent dans la fange ou glissent sous les eaux :
Il ne vit qu'un moment et n'est qu'une parcelle
Qui rentre tôt ou tard dans l'âme universelle.

ÉROSTRATE.

Non, l'homme en soi renferme un principe certain
Qui, détaché des flancs du père souverain,
Ne retourne jamais au lieu de sa naissance,
Et vit dans l'univers par sa toute-puissance.
L'homme peut dans le sein de l'horrible néant
Tomber comme une pierre au contour rebutant,
Et laisser expirer pour toujours l'étincelle
Descendue avec lui de la voûte éternelle ;
Mais il peut comme Etna, l'esclave de Vulcain,
Ce fier géant toujours en travail souterrain,
Faire d'un pâle éclair une flamme brillante,
Et revêtir les cieux d'une clarté constante.
La gloire est un moyen d'étaler sa beauté :
Tout grand acte par l'homme en l'univers jeté
Est comme un coup de foudre, à la lueur profonde,
Dont l'éternel écho résonne par le monde.

LE PILOTE.

Il n'est rien d'éternel que la divinité :
Le reste est périssable et plein de vanité.

Puisse, jeune étranger, l'orgueil de la pensée
Ne jamais t'écarter de la route tracée ;
Et puissent les grands dieux, du fond de leurs loisirs,
Te suivre et te mener au but de tes désirs
Par les sentiers du bien, les routes de l'honnête !
Pour nous, jusqu'au moment où, courbant notre tête,
La mort nous ôtera les rames de la main,
Nous frapperons ces mers sans croire au lendemain.

UN ALCYON.

Hâtez-vous, matelots, fermez, fermez les voiles ;
Hâtez-vous, car les vents vont mugir dans vos toiles !

LE PILOTE.

Alerte, matelots ! — la conque des tritons
Rappelle de Téthys les coursiers vagabonds.
Le souverain des cieux, le maître du tonnerre
Va, ce soir, visiter les palais de son frère :
Déjà le vieux Neptune, aux approches du sang,
De plaisir et de joie enfle son sein puissant.

L'ALCYON.

Adieu, braves marins, bonne chance et courage !
Le couchant est en feu ; je vais, avant l'orage,
Chercher le nid flottant de mes chères amours
Qu'au branle de la mer les vents bercent toujours.

ÉROSTRATE.

Alcyon bienveillant, qui d'une aile assurée
Vas joindre sur les flots ta famille égarée,

ÉROSTRATE.

Puisses-tu, jeune oiseau qui files loin de moi,
M'emporter dans ton vol! Si j'étais comme toi,
Je n'aurais pas assez de plumes et d'haleine
Pour gagner les hauteurs de la voûte sereine,
Et quitter cette barque où mes élans hardis
Ont heurté vainement des cœurs abâtardis.

LES MATELOTS.

A l'ouvrage! la mer gonflée et mugissante
  Fait écumer les flots;
La Nuit et la Terreur sa compagne puissante,
  Descendent sur les eaux;
Par de fauves clartés les sillons de la foudre
  Interrompent la nuit;
On dirait que le ciel entier va se dissoudre,
  Et le monde avec lui.

ÉROSTRATE.

O Mort, pourrais-tu bien, triste enfant de la Parque,
T'abattre en ce moment sur cette frêle barque,
Et la couvrant de l'aile, ainsi qu'un sombre oiseau,
Me saisir au milieu de ce blême troupeau?
O Mort! quand tu parais sur le champ des batailles,
Maniant le fer rude aux profondes entailles,
Et compagne de Mars, et debout sur les chars,
A travers l'incendie et le bruit des remparts,
Conduisant les mourants à la rive éternelle!
Ah! tu me sembles grande et ta figure est belle!
Mais à cette heure, ô dieux! sous un horizon noir;
A la pâle lueur d'un ciel horrible à voir,

Au sifflement aigu des ondes pluvieuses,
Au choc étourdissant des vagues monstrueuses,
O fille de la nuit, du tonnerre et des vents,
Mort inféconde, ô mort, tu me glaces les sens!

LES MATELOTS.

Nous avons beau lutter contre la vague forte,
  Nous courber sur les bancs ;
La rame est impuissante, et la mer nous emporte
  Au gré de ses courants.
Nous sommes tourmentés de la poupe à la proue
  Par le noir aquilon,
Et nous tournons sur l'eau comme tourne la roue
  De l'infâme Ixion.

ÉROSTRATE.

Dans les plaines du temps, solitudes immenses,
Heureux celui qui peut jeter quelques semences ;
Comme un rose-laurier la tige de son nom
Fleurira pour toujours dans l'avenir profond.
Mon âme, en secouant sa terrestre poussière,
Devait faire autour d'elle éclater la lumière,
Et sur l'éternité, comme un autre soleil,
Tracer les reflets d'or de son disque vermeil :
Elle ne sera pas même la flamme obscure
Qui sur l'eau des étangs rôde d'une aile impure;
Elle ne sera rien, car nul acte important
Ne la préservera des ombres du néant.
Pour aller s'enfouir au vaste sein des choses,
Et pour ne plus compter dans la masse des causes ;

Pour être après la mort autant qu'un flot amer,
Un fragile globule, un léger souffle d'air,
Était-ce donc la peine ici-bas d'apparaître;
D'avoir de la pensée afin de tout connaître,
D'être toujours gonflé de vœux ambitieux,
De porter le nom d'homme, et d'invoquer les dieux?

LES MATELOTS.

Ah! nous sommes perdus! l'onde emplit le navire
   Et roule avec fracas;
Sous les vents déchaînés la voile se déchire
   Et tombe avec les mâts;
O Jupiter sauveur, père de tous les hommes,
   Calme l'onde en courroux!
Étends ta large main sur l'abîme où nous sommes,
   Ou nous périssons tous!

ÉROSTRATE.

Misérable Destin! implacable Fortune!
C'en est fait de mes jours, l'empire est à Neptune;
Et le dieu mugissant, prenant les matelots,
Aux avides poissons les livre sous les flots.
Qu'ils plongent tous avec la pâleur au visage,
Moi, je me sens au cœur revenir le courage.
Féroce dieu des mers! je ne veux pas mourir,
Sous les flots comme un plomb tout entier m'engloutir,
Sans pouvoir remonter jamais à la surface;
Non, non, je ne veux pas, dans l'ondoyante masse,
Me perdre et m'absorber comme le grain de sel
Que fond en peu de temps le liquide éternel.

Que les feux de Vulcain redoublent sur nos têtes !
Qu'Éole crève l'outre où grondent les tempêtes !
Qu'il confonde et la terre et les cieux et les flots,
Et que le monde aspire à l'antique chaos !
Toujours je lutterai ; jusqu'à ma dernière heure,
Sur ce tremblant esquif fermement je demeure,
Et si la foudre y tombe, et si de son trident
Neptune courroucé l'entr'ouvre horriblement,
Et comme un vain amas de pailles toutes blanches
Disperse ses agrès, sa mâture et ses planches ;
Je m'attache en serpent à ses moindres débris :
Ah ! si tout m'abandonne, enfin, si je péris,
Je te disputerai, mort infâme et cruelle,
Du flambeau de mes jours la dernière étincelle !

La foudre tombe sur le navire et le brise.

III

LE RIVAGE DE LA MER

SUR LA CÔTE D'IONIE.

Des hirondelles volent çà et là, au bord des flots.

UNE HIRONDELLE.

Après le noir chaos d'une nuit orageuse,
Phœbus renaît plus pur et plus beau dans les airs :
Le calme se rassied sur la plaine écumeuse,
    Et le pêcheur peut refouiller les mers.
Marins, voguez sans peur ! du fond des flots amers
Les Tritons ont tiré leur face monstrueuse,
Et tordant à deux mains leur barbe limoneuse,
Ils sèchent au soleil leurs cheveux longs et verts

UNE SECONDE HIRONDELLE.

L'oiseau peut commencer sa course vagabonde ;
Le vent impétueux qui battait comme l'onde
La cime des grands pins de l'antique forêt,
A replié son aile et dans le ciel se tait.
   Allons, allons ! colombes gémissantes !
issez les nids obscurs et les branches cassantes :
Remontez dans les cieux, et déroulez au jour
L'aile chère à Zéphire et plus douce à l'Amour !

UNE TROISIÈME HIRONDELLE.

Et vous, puissants troupeaux, quittez le pâturage !
Venez aspirer l'onde et sentir à la plage
Le flot paisible et chaud déborder sur vos pieds !
Les vents ont disparu, les airs sont nettoyés ;
Et le ciel radieux de son charmant sourire
Éveille sur la terre un concert enchanteur,
Comme le jour divin où Mercure pasteur
   Au bord des flots trouva la lyre.

ÉROSTRATE.
Il est assis sur le sable et presse entre ses mains ses vêtements humides.

Volez autour de moi, volez, charmants oiseaux !
Gazouillez et chantez les ondes en repos !
Moi, dans mon cœur toujours j'entends gronder l'orage ;
Les autans déchaînés y soufflent avec rage,
Et le font plus bondir que la vague en fureur.
En vain l'énorme bras de Neptune vainqueur

Comme un dauphin béant m'a roulé sur la plage ;
En vain les immortels m'ont sauvé du naufrage ;
Je me sens toujours plein d'amertume contre eux.
Ils ne m'ont acccordé la jeunesse et la vie,
Que pour combattre mieux mon éternelle envie
D'égaler, ici-bas, leurs destins glorieux.
Ces fiers Olympiens ! quelle vaste insolence !
Quels profonds contempteurs de nous, pauvres humains !
Ils n'aiment que l'aspect de nos sombres chagrins,
Et les soupirs ardents que notre sein élance
Sont l'encens le plus doux à leurs cerveaux divins.
Ah ! vivent tes clameurs, ô titan Prométhée !
Vivent tes cris d'orgueil, et ta haine indomptée
Pour le royal époux de l'altière Junon !
Les immortels sont durs ! pleins de dérision
Pour tout ce qui n'est pas de leur essence pure !
Et la terre féconde, amour de la nature,
A beau leur dérouler ses tapis de verdure,
Ses ombrages, ses fleurs ; la terre n'est pour eux
Qu'un vil monceau de fange et qu'un taudis honteux !

UNE VOIX SOUTERRAINE.

Les immortels sont durs !

ÉROSTRATE.

La plage est solitaire ;
L'Océan seul gémit dans son gouffre sans fond ;
Et pourtant une voix à mes plaintes répond.

LA VOIX SOUTERRAINE.

Les immortels sont durs !

ÉROSTRATE.

Reine de l'onde amère !
Téthys, jusques ici poursuis-tu ma misère ?

LA VOIX SOUTERRAINE.

Rassure-toi, mortel aux douloureux accents ;
Tes plaintes n'iront pas se perdre avec les vents !
Dans notre noir séjour, Telchines redoutables,
Nous avons entendu tes clameurs lamentables.

ÉROSTRATE.

Telchines infernaux, difformes et ventrus,
Dieux puissants, est-il vrai que ma voix vous parvienne ?
Ah ! si votre pitié pour moi n'est chose vaine,
Relevez, relevez mes esprits abattus !

LA VOIX SOUTERRAINE.

Parle, que nous veux-tu ?

ÉROSTRATE.

Sombre et vieille famille,
Dont la main aiguisa la sanglante faucille
Avec laquelle, un jour, Saturne furieux
Châtra son propre père en la couche des cieux !
Vous, dont le lourd marteau, sur l'enclume massive,
A grands coups redoublés forge la foudre vive ;
Vous, qui savez les lieux où le meilleur fer dort ;
Eh bien, forgez-moi vite un dard contre la mort !

LA VOIX SOUTERRAINE.

Nous pouvons d'une haleine amère

Empoisonner les végétaux,
Faire monter les grandes eaux
Jusqu'à l'empire du tonnerre,
Mettre en éclats le mont Athos,
Et remuer toute la terre ;
Mais, pour vaincre et dompter la Mort
Notre bras n'est point assez fort :
Au ciel adresse ta prière !

ÉROSTRATE.

J'ai beau frapper le ciel de mes cris enflammés,
Implorer le secours des puissantes déesses;
L'Olympe et ses palais me sont toujours fermés
Et nulle voix n'en sort pour calmer mes tristesses.

LA VOIX SOUTERRAINE.

Interroge la lyre, et, nouvel Amphion,
Chante les blancs coursiers du vainqueur de Python!

ÉROSTRATE.

Ah ! vous renouvelez une douleur cuisante,
Dont saignera longtemps mon âme frémissante.
Aux fêtes d'Olympie, accouru par trois fois
Avec la lyre d'or, aux accords de ma voix,
J'ai tâché d'émouvoir la Grèce tout entière ;
Trois fois j'ai parcouru la fameuse carrière,
Et, sous les pieds d'airain de mes ardents chevaux
Hardiment soulevé la poussière à longs flots;
Au cirque, à la tribune, en tous lieux, à toute heure,
On m'a vu, pour saisir le laurier qui me leurre,

Suer de corps et d'âme ; et le destin pourtant
M'a toujours poursuivi d'un regard insultant,
Et perdu, confondu dans la foule muette,
La gloire n'a jamais rayonné sur ma tête.

LA VOIX SOUTERRAINE.

Eh bien ! prends une épée aux terribles éclats,
Et lance-toi, guerrier, dans les jeux de Pallas !

ÉROSTRATE.

Notre siècle est stérile en guerres intestines ;
Le monde est endormi dans les bras de la paix ;
La rouille mord l'armure appendue aux crochets ;
Mars le dieu destructeur, aux sanglantes bottines,
Repose sur la pourpre, et ses deux mains divines
Ne pressent dans les cieux que les seins de Vénus :
Point de sang à verser pour une grande cause,
Point de conquête à faire, et de mes jours perdus
Je ne puis rattacher le fil à quelque chose.

LA VOIX SOUTERRAINE.

Invoque donc l'enfer et ses dieux redoutés !
Peut-être qu'à ta voix, ces vieilles déités
Se remûront au fond de leur gouffre de flamme,
Pour te prêter l'appui que ta douleur réclame.

ÉROSTRATE.

Hélas ! puisqu'à mes vœux tous les dieux restent sourds,
Que Vénus m'abandonne et Téthys m'est contraire,
Que je suis repoussé de l'onde et de la terre,
Et que j'erre en tous lieux sans force et sans secours,
Il faut bien à la fin que ma voix vous implore,

ÉROSTRATE.

Dieux voisins de l'enfer, Telchines noirs et lourds!
O vous, qui connaissez le mal qui me dévore,
Comme les fruits tombés d'un palmier inodore,
Ne laissez point périr les plus beaux de mes jours!

LA VOIX SOUTERRAINE.

Écoute, il est non loin de cette plage.
Où le flot t'a poussé sur son dos écumant,
Au pied d'une colline, au sein d'un vert ombrage,
    Un noble temple, immense monument.
C'est de la Grèce antique une des sept merveilles;
C'est là que les humains, dès les jours les plus vieux,
    Ont entassé des choses sans pareilles,
Le porphyre, l'or pur et les bois précieux;
        Là, l'Ionie entière
Adore avec transport la déesse aux trois noms,
Celle qui dans la nuit dispense la lumière,
Poursuit, l'arc à la main, les biches sur la terre,
Et préside aux tourments dans les enfers profonds

ÉROSTRATE.

O dieux! serais-je près du saint temple d'Éphèse?
Et l'ouragan fatal m'aurait-il emporté
Vers la divinité que jamais l'on n'apaise,
Une fois que son cœur par l'homme est irrité?

LA VOIX SOUTERRAINE.

Oui, tu touches le seuil de ce temple superbe,
Les amours de Diane et son plus bel honneur;
Et nous le signalons à ton bras destructeur,

Comme le chien couché dans l'herbe
Signale la perdrix aux flèches du chasseur.

ÉROSTRATE.

Achevez, achevez. Ah! que voulez-vous dire?

LA VOIX SOUTERRAINE.

Ce que le temps et l'art s'efforcent de construire,
L'homme peut d'un seul coup sans peine le détruire,
Car, ainsi que l'enfer, Jupiter l'a doté
Du pouvoir de donner la mort à volonté.

ÉROSTRATE.

Anéantir le temple, ô terrible pensée!
Tout mon sang en bouillonne, et mon âme insensée
Y boit comme l'éponge avide boit les eaux!
Eh quoi! je lancerais la flamme incendiaire!
Mais je vois l'Ionie et la Grèce ma mère
Invoquer le Ténare et les dieux infernaux,
Et l'Olympe envoyer sur moi tous ses carreaux.

LA VOIX SOUTERRAINE.

Mortel ambitieux, mais de peu de courage,
Que t'importe la Grèce et l'Olympe et sa rage?
Diomède en blessant le dieu Mars aux genoux,
Thésée en enlevant Proserpine la sage,
Ont-ils été frappés du céleste courroux,
Et n'ont-ils pas conquis une gloire infinie
Par les faits éclatants de leur audace impie?

ÉROSTRATE.
O dieux ! n'égarez pas tout à fait ma raison !

LA VOIX SOUTERRAINE.
Ah ! nous avons pitié de tes longues souffrances !
Nous voulons te donner un éternel renom,
Et nous sommes surpris de voir que tu balances.
Quand le but se présente à ton ardent désir,
Comme le daim léger tu trembles et veux fuir !

ÉROSTRATE.
Non, non, je ne suis pas d'une vile matière,
Je ne suis point pétri d'une fange grossière,
Je sens mouvoir en moi quelque chose de fort ;
Mais faut-il recevoir, dans le fond de mon âme,
Tous les poisons du crime, et les deux mains en flamme,
M'attaquer même aux dieux pour surmonter la mort ?

LA VOIX SOUTERRAINE.
Il n'est point de grandeurs pour une âme timide :
Son sort est de ramper comme le ver stupide.

ÉROSTRATE.
Ramper, mordre la terre ! ô destin flétrissant !
Être comme le ver que le pied du passant,
Sans terreur et sans bruit, foule et fait disparaître !
Vivre et mourir ainsi que ce misérable être !
Non, je ne puis... O dieux ! dites, mon cœur tremblant
N'a-t-il que ce moyen d'échapper au néant ?

LA VOIX SOUTERRAINE.
Nous ne pouvons changer d'essence ;

Créés pour la destruction,
La flamme ardente et le poison
Sont les armes de notre engeance.
La flamme au subtil aiguillon
Est un bon lot; notre puissance
Ne peut te faire un plus beau don.

ÉROSTRATE.

Ainsi donc, l'incendie! oh! pourquoi donc, mon âme,
As-tu, quittant là-haut le foyer paternel,
Revêtu tes lueurs d'un vêtement charnel ?
Pourquoi suis-je sorti du ventre d'une femme?
Pourquoi mon sein s'est-il empli d'air, et mes yeux
Ont-ils appris sur terre à mesurer les cieux?
La vie, au lieu d'offrir à mon âme intrépide
Les jalons glorieux d'une route splendide,
Afin de parvenir aux suprêmes honneurs
De l'immortalité, ces divines douceurs;
La vie est un chemin impraticable, aride,
Où mon âme ne voit, par un charme fatal,
Devant elle surgir que l'échelle du mal.
Le néant ou le mal! — Le néant, noir abîme
Entr'ouvert et tout prêt à saisir sa victime,
Si vers l'Enfer lui-même elle ne tend les bras;
Mais le mal, tout mon être en tremble et n'en veut pas.
Ah! que l'ombre du temps descende sur ma tête!
Pareille au large flot que la noire tempête
A roulé cette nuit sur mon corps défaillant,
Que l'onde de l'oubli tout entier me revête,

Plutôt que de commettre un forfait éclatant!
Non, je ne serai pas pour vous une conquête,
Démons, soufflez ailleurs votre infâme poison :
Dans les bras de la mort je tomberai sans nom.

Il s'éloigne.

UNE VOIX SOUTERRAINE.

Comme le sanglier frappé d'une main sûre
    Emporte avec lui sa blessure,
Et sous les bois profonds, malgré ses fiers élans,
Ses bonds dans les fourrés et dans la fange impure,
Meurt sans pouvoir ôter la flèche de ses flancs :
    Ainsi, dans une chair mortelle,
Notre infernale idée est plantée à jamais.
L'homme a beau regimber, se débattre contre elle;
Il a beau repousser la pointe de ses traits;
Invincible, elle ira plonger jusqu'en sa moelle.

LES TELCHINES.

Sous la terre pesante, allons, frères, tournons!
L'homme saura venger nos antiques affronts.

UNE SECONDE VOIX.

    Quand jadis les fils de la Terre
Aux habitants des Cieux déclarèrent la guerre,
Et roulant monts sur monts avec leurs bras vaillants
Approchèrent du ciel leurs faces de géants,
    Les immortels remplis d'alarmes
    Nous demandèrent tous des armes,
Et la foudre bientôt éclatant dans leurs mains

Précipita des cieux leurs ennemis hautains.
Et nous, les vrais sauveurs de l'Olympe en ruine,
Avec les noirs géants, au fond des souterrains,
Nous fûmes oubliés par la race divine.

LES TELCHINES.

Sous la terre pesante, allons, frères, tournons !
L'homme saura venger nos antiques affronts.

UNE TROISIÈME VOIX.

Oui, sous nos lourds talons faisons gémir Cybèle ;
Chantons notre conquête à fendre la cervelle
Du triple chien hurlant aux portes de l'Enfer ;
Faisons trembler Pluton sur son trône de fer ;
Et toi, biche sauvage, intrépide courrière,
    Barbare meurtrière
De Niobé la blonde et de ses beaux enfants,
Brise ton arc d'argent et pâlis de colère !
L'outrage abaissera tes regards triomphants,
Et les feux d'un mortel terniront ta lumière.

LES TELCHINES.

Sous la terre pesante, allons, frères, tournons !
L'homme saura venger nos antiques affronts.

IV

LE TEMPLE D'ÉPHÈSE

ÉROSTRATE.

Il arrive devant le temple, une torche à la main ; il fait nuit.

Depuis trois jours, pensif et muet comme une ombre,
Au bord des flots bruyants et dans la forêt sombre,
Je promène mes pas, et cherche vainement
A calmer de mon cœur le fatal rongement.
Un invisible dieu me ramène sans cesse
Devant le monument de la grande déesse,
Et toujours me remplit l'âme du noir désir
De voir le vieux Vulcain dans ses bras le saisir.
Toujours le temple est là qui brille sur ma tête ;
Toujours mon œil ardent se tourne vers son faîte ;

Et le bois résineux qui fume dans ma main
Toujours d'un feu plus vif éclaire mon chemin.
O vision constante, éternelle pensée,
Ainsi qu'une couleuvre à mon âme enlacée,
Qui la serre et lui tient plus vigoureusement
Que le lin vénéneux du rouge vêtement
Qui recouvrit jadis les épaules d'Hercule !
O poison de mon cœur ? ô venin qui me brûle
Plus que le corps puissant du rejeton des dieux !
Pour éteindre à jamais tes élans douloureux,
Je vais te préparer un nouveau lit de flamme,
Et peut-être qu'alors tu quitteras mon âme !
Qui pourrait m'arrêter ? L'homme et les animaux
Dans les bras du sommeil ont oublié leurs maux ;
Les dieux même étendus sur leur couche embaumée
Respirent les pavots de la nuit enflammée ;
La lune, dans les airs orageux et brûlants,
Ne guide point encor ses jeunes coursiers blancs ;
Le silence est partout, sur la terre et sur l'onde ;
Et tout autour de moi l'obscurité profonde
Rend le sol montueux, les arbres, le gazon,
Plus noirs que les bosquets des jardins de Pluton.
Nul astre dans les cieux qui luise et me contemple ;
Nul mortel qui se tienne à la porte du temple ;
Et moi, seul devant lui, comme un dieu souverain,
Prêt à le foudroyer des lueurs de ma main.
Quel sublime moment ! quelle énorme puissance !
Moi, créature humaine et de faible existence,
Rien qu'avec un charbon, un mouvement de bras,

Je puis mettre d'un coup une merveille à bas,
Réveiller tous les dieux comme au bruit du tonnerre,
Jusqu'au fond de son cœur épouvanter la terre,
Et sur l'éternité, comme au haut d'un fronton,
Avec des clous d'airain fixer mon large nom.
Et je craindrais le bruit... Quoi, de la tourbe humaine,
Des peuples ignorants la clameur incertaine,
Les malédictions des pontifes menteurs,
Et tout le vain fracas qui suit les destructeurs...
Ah! tous ces bruits ne sont qu'une pâle fumée
Capable d'arrêter une âme mal armée :
Et la mienne est trop forte, et puis il faut finir
Ces terreurs dont la mort vient toujours m'assaillir,
Le sort en est jeté : marchons au sacrifice!
O vents! éveillez-vous, de votre aile propice
Secourez l'incendie en ses sombres élans ;
Car ce rameau de pin qui, dans mes doigts tremblants,
Consume avec lenteur sa robe de résine,
Va, comme le porteur de la foudre divine,
L'aigle au bec flamboyant, aux ongles lumineux,
S'abattre sur le temple et l'inonder de feux.

Au moment où il franchit les premiers degrés du temple, trois femmes en descendent et le font reculer.

Mais que vois-je? grands dieux! on dirait trois statues,
Qui, de leur piédestal tout à coup descendues,
S'élancent du lieu saint et semblent vouloir fuir
Le terrible fléau prêt à les engloutir.

LA PIÉTÉ.

Il en est temps encore, ô jeune téméraire !

Arrête-toi, ne monte pas ;
Laisse à tes pieds rouler la torche incendiaire,
Le vent éteindre ses éclats.
Le crime suspendu sur tes tempes funèbres,
Et plus noir que l'oiseau des nuits,
Peut regagner encor ses épaisses ténèbres,
Rentrer dans les enfers sans bruits.
Arrête, arrête, infâme ! il en est temps encore :
Ne force pas une cité
A voir, avant le jour, une sanglante aurore
Briller sur son front agité.
Ne fais point qu'en ses murs la terreur souveraine
Traîne ses sandales d'airain ;
Et que, d'un œil hagard, toute la foule humaine
Cherche en vain son temple demain.
Une ville sans temple est une solitude,
Un désert immense, odieux ;
Et rien n'est malheureux comme une multitude
Qui vit sans autels et sans dieux.

ÉROSTRATE.

O femme, il est trop tard pour empêcher la flamme ;
Le ciel s'est tout entier retiré de mon âme,
Et mon âme, aujourd'hui ne pense qu'à s'ouvrir
Un chemin lumineux aux champs de l'avenir.

LA BEAUTÉ.

Si la Piété sainte,
Par ses gémissements ne sait pas te toucher ;

ÉROSTRATE.

Si les cris du respect et tous ceux de la crainte
Se brisent sur ton cœur comme sur un rocher ;
Grâce pour la Beauté, fille de l'Harmonie !
  Grâce pour un de ses enfants
  Que, du haut des cieux triomphants,
Protégea l'œil divin de Vénus-Uranie !
  Grâce pour l'âme de ces lieux !
  Grâce pour celle qui respire,
Dans les nobles contours et les marbres pieux
  De ce beau temple qu'on admire !
Que le flambeau qui brûle et petille à ta main
  Respecte ses formes puissantes !
Que son fronton doré, ses colonnes luisantes
Ne soient pas l'aliment du vorace Vulcain !
Ah ! s'il faut qu'il périsse, ô mortel en délire,
  Avec lui je mourrai soudain,
Comme le son léger qui dans les airs expire,
  Lorsqu'une main brise la lyre
Qui l'enfermait dans le creux de son sein !

ÉROSTRATE.

Je suis comme un nocher battu par la tempête ;
J'ai le cœur insensible, et, pour sauver ma tête,
Je pousserais du pied dans les flots écumeux
Les plus beaux corps du monde étalés sous mes yeux.

LA MÉMOIRE.

Et moi, je suis la grande Mnémosyne,
Du monarque des dieux l'amoureuse divine,
La mère des neuf sœurs compagnes de Phœbus ;

Je suis celle qui porte, en sa large poitrine,
Les grands forfaits et les grandes vertus.
Insensé que le mal entraîne,
Tu cours à ta perte certaine,
A l'infamie, au déshonneur;
Et puisque tout l'enfer est au fond de ton cœur,
Voilà, de ton âme hautaine
Le reflet rouge et plein d'horreur
Que le temps roulera dans son onde lointaine.
Au bruit sauvage de ton nom
Les peuples éperdus se voileront la tête,
Comme au sinistre aspect d'une ardente comète,
Au retentissement d'un désastre profond;
Ton nom sera hurlé sur toutes les ruines;
Ton nom sera l'écho des pestes, des famines,
L'épouvante du genre humain :
Et les cris à la bouche et le fouet à la main,
Les malédictions et leur frère l'outrage,
De peuple en peuple et d'âge en âge,
Te poursuivront sans relâche et sans fin.

ÉROSTRATE.

Eh bien, soit, ô déesse! aux noms des grands coupables
Que mon nom soit lié par des chaînes durables!
Que je sois relégué dans le troupeau honteux
Des destructeurs d'empire et des brigands fameux!
Je vivrai, c'est assez! La mort, la mort avare
Ne me plongera pas en entier au Tartare :
Quelque chose de moi, reluisant et certain,

ÉROSTRATE.

Restera pour toujours dans l'habitacle humain :
Tu l'as dit, ô Mémoire! Allons, légères ombres,
Ainsi que les vapeurs et les nuages sombres
Qui se fondent aux feux de l'astre oriental,
Disparaissez devant ce rameau triomphal!
Et toi, Mort dévorante et toujours affamée,
Lionne impitoyable et jamais désarmée,
Cesse de me montrer tes longs crocs écumants
Et de glacer mon cœur par tes rugissements!
Voici, pour t'apaiser, un sacrifice immense
Qui surpasse en hauteur, comme en magnificence,
Tous ceux que Jupiter et les dieux immortels
Virent jamais offrir aux pieds de leurs autels!
C'est plus que cent taureaux à la corne dorée
Que j'ose t'immoler, ô Gorgone sacrée!
C'est mieux que du sang d'homme et des corps en monceau
Que je vais consumer du feu de mon flambeau;
C'est un temple superbe et toute sa richesse;
Le trône vénéré d'une grande déesse,
L'ouvrage merveilleux des hommes et des temps,
Des vases remplis d'or, des autels éclatants,
Des chapiteaux d'airain, des colonnes sublimes;
Voilà mon hétacombe et voilà mes victimes!
O Mort! accepte-les, et que le vieux néant
Pour moi ferme à jamais son gouffre dévorant!

<small>Les trois femmes disparaissent, et il entre dans le temple.</small>

LES ESPRITS DU FEU.

Enfants du Phlégéton, habitants du Tartare,

Sur les ailes des vents, courons, volons aux lieux
    Où l'homme nous prépare
De sa main destructive un festin spacieux!

LES VENTS.

Dragons, esprits du feu, déroulez vos spirales!
Nous venons à votre aide avec nos sifflements;
Voici le temple offert à vos enlacements;
    Ouvrez vos gueules infernales!

LES TELCHINES.

Sous la terre pesante, allons, frères, tournons!
L'homme enfin va venger nos antiques affronts.

ÉROSTRATE.

Il sort de l'édifice, et lorsqu'il est descendu, il s'appuie contre un arbre, en face du temple.

Mes deux mains ont agi : la chose est consommée.
Dans tout le monument la flamme renfermée
Mugit, roule, et bientôt, débordant vers les cieux,
Portera ses chaleurs jusqu'au palais des dieux.
Ah! mon cœur se désenfle! ah! je vis, je respire
Comme un homme longtemps en proie au noir délire,
Et sur qui le repos vient descendre un instant.
On dirait tout d'un coup qu'un large jet de sang
Soulage en s'écoulant le trop-plein de ma veine.
Ah! quel que soit mon sort, je n'ai plus l'âme en peine :
Comme Ajax, j'ai trouvé dans une autre Ilion,
Le linceul radieux qui doit couvrir mon nom.

L'incendie éclate, le peuple arrive.

ÉROSTRATE.

LE PEUPLE.

O dieux, gardiens des campagnes, des villes,
Saints protecteurs des remparts immobiles,
Maîtres du ciel, accourez, venez tous!
A nos secours! L'incendie en couroux
Comme un dragon nous dévore, et la foule
Pâle, tremblante, et se heurte et se roule,
Et le tumulte augmente par la peur.
Le temple brûle! est la seule clameur,
Le cri qui sort des poitrines sonores :
Enfants, vieillards, des urnes, des amphores,
De l'onde à flots! Ah! quel réveil affreux!
Ah! pauvres gens, citoyens malheureux!
Qu'avons-nous fait à la vierge divine?
Sœur d'Apollon, ô Diane, ô Lucine,
Reine d'Éphèse, épargne-nous des pleurs!
Sauve nos murs, ton temple et tes honneurs!

ÉROSTRATE.

O puissances du feu, principes de la terre,
Éléments du soleil, de l'onde et du tonnerre,
Par les rocs de Lemnos et Vulcain aux bras forts,
Mugissez, mugissez, et redoublez d'efforts!

LES FEMMES.

Et nous aussi, déesse tutélaire,
Nous implorons ta clémence à genoux!
Qu'avons-nous fait pour subir ta colère?
Lune, dis-nous, chère et blanche lumière,

Pourquoi voiler ton visage si doux ?
N'avons-nous point dans nos chastes prières
Assez chanté tes sublimes pâleurs ?
N'avons-nous point, sur tes autels en fleurs,
Assez versé de corbeilles légères ?
Ah ! nous avons, dans nos douleurs de mères,
Trois fois toujours invoqué ton grand nom !
Et dans la nuit de nos couches amères
Béni l'enfant dont tu nous faisais don ;
Et cependant, ô fille de Latone,
Reine des nuits, ton cœur nous abandonne !

ÉROSTRATE.

O flamme, élargis-toi ; monte au fronton doré,
Et là, sculpte à grands traits mon nom sombre et sacré !
O feu, monstre altéré, de tes chaudes haleines,
Dans le fond des vaisseaux bois l'onde des fontaines !

LES MÉGABYZES.

Malheur, malheur, trois fois malheur
Au coupable de l'incendie !
C'est un parricide, un impie :
Que Jupiter, d'un trait vengeur,
Soudain le prive de la vie ;
Et si la main du dieu puissant
L'épargne et le laisse vivant,
Que Mené, la sombre folie,
De son pâle et morne rayon
Lui bouleverse la raison !
Qu'il soit le jouet des tempêtes !

Que son corps soit en proie aux bêtes;
Et que l'implacable Brimo,
Hécate aux trois horribles têtes,
Lâche sur lui son noir troupeau!
Oui, que ses monstrueux ministres,
Ses chiens aux aboîments sinistres,
Enfoncent leurs crocs dans ses chairs,
Jusqu'à ce qu'il roule aux enfers!

ÉROSTRATE.

En vain le prêtre hurle, en vain l'onde s'élance,
Dans ses replis de feu, comme un serpent immense,
La flamme fait craquer le temple souverain;
Et le cèdre en éclats jette un baume divin.

LES GUERRIERS.

Hélas! hélas! que pouvons-nous donc faire?
Lutter contre le dieu Vulcain,
C'est un élan, un effort téméraire
Au-dessus du pouvoir humain.
Du temple entier les poutres, les charpentes
Se dressent comme de grands mâts,
Et balancés par les flammes ardentes,
Les bois tombent avec fracas.
Les saints autels, les portes colossales,
Les colonnes aux fronts dorés,
L'or de Crésus amassé dans les salles,
Les marbres, les vases sacrés,
Ah! tout se fond! ô père des orages!
O grand Jupiter pluvieux!

Entends nos cris à travers les nuages ;
De ton pied d'or crève les cieux !
Comme un torrent, comme une vaste nue
Fais-les descendre sur nos murs ;
Et qu'à long flot leur onde répandue
Chasse Vulcain aux bras impurs !

ÉROSTRATE.

Jupiter est pour moi, flamme, achève l'ouvrage !
Guerrière au casque rouge, envahis tout, courage !
Sur leurs seaux renversés, déjà les grands vieillards
Te contemplent de loin avec des yeux hagards.

<small>Au milieu d'un tourbillon de fumée, le temple s'écroule.</small>

LA FOULE.

Ah ! c'en est fait ! adieu, merveille de l'Asie !
Adieu gloire de l'univers !
De plus de cent peuples divers
Objet et d'amour et d'envie !
Adieu, temple divin, asile le plus doux
De notre mère l'inféconde !
Sublime sanctuaire où tous les rois du monde
Venaient plier les deux genoux.
C'en est fait ; tu n'es plus : notre terre profane
Ne porte que de vains débris,
Et ta divinité, grande et sainte Diane,
Est dans le monde entier aujourd'hui sans abris.

LES MÉGABYZES.

Malheureux citoyens, tristes enfants d'Éphèse,
Gémissez et pleurez, Némésis est sur vous !

ÉROSTRATE.

De l'incendie en vain la tourmente s'apaise,
Le ciel rouge d'éclairs brille et gronde en courroux :
Sur les cendres en feu, prions, abaissons-nous,
Car la mort vous couvrant de son aile fatale
Temples, murs et cité, va nous emporter tous
    Dans la nuit infernale.

ÉROSTRATE.

Et moi ! dieux tout-puissants ! moi je suis immortel !
Tombent, tombent sur moi les colères du ciel !
Qu'un abîme s'entr'ouvre, et qu'à travers la terre,
Le front tout sillonné des flèches du tonnerre,
Aux royaumes d'Hadès je descende vivant,
Je verrai sans pâlir le Tartare fervent.
Que Pluton contre moi soulevant ses milices
Sur mes tremblantes chairs épuise ses supplices,
Que mon corps sept fois plonge aux eaux du Phlégéton,
Ou sur la roue en feu tourne avec Ixion,
Que je sois écrasé sous le roc de Sisyphe,
Ou comme Tytius déchiré par la griffe
D'un vautour se gorgeant sans cesse de mon fiel,
Je brave tous les maux, car je suis immortel.
Le diamant, l'airain, le fer, l'onde et la flamme,
Ne pourront effacer la trace que mon âme
Aura faite en passant par ce monde odieux :
Humain, je vais marcher l'égal des plus grands dieux.
Comme un phénix renaît de ses cendres divines,
De même, de ce tas de fumantes ruines,
O mon nom, lève-toi : monte au plus haut des airs

Et remplis à jamais de ton bruit l'univers :
Et toi, peuple stupide, ô peuple lamentable,
Hâte-toi de saisir le fortuné coupable,
Il s'appelle Érostrate, il a vaincu la mort :
Le crime est immortel...

UNE VOIX CÉLESTE.
Ainsi que le remord !

POT-DE-VIN

DRAME

PERSONNAGES

LA FRANCE
L'ITALIE.
L'ESPAGNE.
LA POLOGNE.
POT-DE-VIN.
LA STATUE DE MAMMON, DIEU DE LA RICHESSE.
LA RENOMMÉE.
LE MEURTRE.
LE VIOL.
LE PILLAGE.
L'INCENDIE.
CONVIVES.
DANSEUSES.
GARDES.

I

LA TERRE D'EUROPE.

Il fait nuit. Les nations dorment. Trois d'entre elles, sans abri et couchées sur la pierre, veillent et se lamentent.

CHANT DE L'ITALIE, DE LA POLOGNE ET DE L'ESPAGNE.

Le jour succède au jour et l'année à l'année,
Comme la feuille verte à la feuille fanée,
Comme le vent au vent, comme les flots aux flots;
Et toujours le malheur poursuit nos destinées,
Nos yeux roulent toujours des larmes obstinées,
Et nos cœurs étouffants de douloureux sanglots.

Oh! les plus désolés des enfants de la terre!
Quand verrons-nous finir notre injuste misère?
Quand les voiles de deuil seront-ils déchirés?

Et quand, rayonnant tous d'une clarté divine,
Vers le ciel adouci, notre antique origine,
Pourrons-nous relever nos fronts déshonorés ?

Jamais, non, non, jamais, car tout nous abandonne :
La terre qui nous porte, insensible matrone,
Ne se fatigue point à dévorer nos pleurs ;
Le soleil n'est point las d'éclairer nos tortures,
La nuit de recevoir dans son sein nos murmures,
Et la mort contre nous d'accroître ses fureurs.

Écoutez, écoutez ! ce grand bruit qui s'élève
Et qui le long des mers passe de grève en grève :
C'est l'âpre fusillade aux feux sourds et roulants ;
C'est le crime masqué du nom de représailles ;
Ce sont les citoyens s'égorgeant sans batailles,
Les pères, de sang-froid, immolant leurs enfants.

Et ces explosions éparses, solitaires,
Qui brillent chaque jour aux plus lointaines terres
Et navrent les humains dans leur calme profond ;
Ce sont des exilés pleins de mélancolie
Qui, rêvant trop aux champs de la douce patrie,
La nuit se font sauter le crâne avec du plomb.

Puis ces gémissements, ces canzones plaintives,
Que depuis cinq cents ans jettent les mêmes rives
Pour les mêmes douleurs et les mêmes dangers,
C'est la voix des captifs pourrissant sous les grilles :

La grandeur des cités et la pudeur des filles
Toujours à la merci des sbires étrangers.

Ah ! quels flots infinis d'angoisses et d'alarmes !
Lorsque son pauvre enfant se débat dans les larmes,
Le moindre cœur de mère a les nerfs palpitants !
Du nôtre on peut juger quelles sont les souffrances,
Nous qui donnons le sein à des peuples immenses,
Et dont le lait nourrit des millions d'enfants.

Et dans les cieux pourtant nous avons un bon père,
Un Dieu que l'on dit juste, et dont le bras sévère
Comme un jonc des marais courbe en deux les méchants ;
Mais à nos vains soupirs son oreille est fermée,
La foudre sous ses pieds dort sans feu ni fumée,
Et son souffle divin fait vivre nos tyrans.

L'ITALIE.

O Pologne, ma sœur ! ô toi dont le cri sombre
Se mêle constamment à ma plainte, dans l'ombre,
Tes maux sont douloureux, mais valent-ils les miens ?

LA POLOGNE.

On sent les maux d'autrui toujours moins que les siens,
Italie ! ô ma sœur !

L'ITALIE.

Ma torture est si lente !

LA POLOGNE.

Hélas ! ne sais-tu pas que mon supplice augmente.

L'ITALIE.

Se pourrait-il, ma sœur!

LA POLOGNE.

Ah! c'est peu que la mort,
De Moscou s'élançant comme le vent du nord,
Ait moissonné mes fils, fleur brillante et légère;
C'est peu d'avoir vu fuir sur la terre étrangère
Ceux qu'avaient épargnés le knout et le trépas :
Ce qui me reste encor d'enfants entre les bras
Doit subir maintenant une honte nouvelle.
Il leur faut oublier la langue maternelle,
Ils doivent sangloter en des mots inconnus;
Quand je leur parle, hélas! ils ne m'entendent plus.

L'ITALIE.

Souffre, souffre, Pologne, encor cette misère;
La gloire te couronne, ô sublime guerrière!
Et chante à l'univers ton immortel combat :
Quant à moi, j'ai ta honte et n'ai pas ton éclat.
Je suis une brebis que des ciseaux barbares
Tondent sans résistance, et que des mains avares
Sèvrent, à flots pressés, du plus pur de son sang.
Il est vrai que j'ai vu les meilleurs de mon flanc
Tomber plus d'une fois sous des balles obscures,
Et pourrir tristement au fond des geôles dures;
Il est vrai que mon sein a porté des héros;
Mais, tribuns valeureux, ils parlaient sans échos.
A quoi bon leurs élans contre la tyrannie;
Les bouillons généreux de leur mâle énergie,

Leurs nobles dévoûments ne pouvaient me servir,
Mon peuple à leur côté ne venait pas mourir.

L'ESPAGNE.

Et moi, mes sœurs, et moi, suis-je donc moins à plaindre!
Si, grave par nature et n'aimant pas à geindre,
J'émeus l'air rarement de mes sourdes clameurs,
Je n'en souffre pas moins de cruelles douleurs.
Ainsi que des brigands, à travers les montagnes,
Les villes en désordre et les tristes campagnes,
Je vois errer mes fils : — la Mort est leur pasteur.
La Faim aux doigts crochus leur dévore le cœur ;
Partout j'entends hurler la publique Misère ;
Ses pieds nus et sanglants stérilisent la terre
Et font lever partout les noirs serpents du mal.
Je suis comme Caton, ce vieux Romain brutal,
Je me fais dans le sein de profondes entailles,
Et le sang à long flot coule de mes entrailles.

LES TROIS NATIONS.

O désolation, ô supplice, ô douleurs !
Ah ! qui prendra jamais pitié de nos malheurs !

L'ITALIE.

Mais, silence ! mes sœurs, j'entends comme un bruit d'ailes
Qui frissonnent au vent des plaines éternelles ;
Peut-être que le Ciel, fatigué de nos cris,
Lance à notre secours un de ses purs esprits.

LA POLOGNE.

La coupe de nos maux n'est pas encor remplie,
La Pologne vaincue a toujours trop de vie :

C'est un nouveau malheur qui vient fondre sur nous.
L'ESPAGNE.
C'est l'inquisition, c'est l'émeute en courroux.
L'ITALIE.
C'est le vautour d'Autriche aux serres déchirantes.
LA POLOGNE.
C'est toujours l'empereur et ses hordes sanglantes.

LA RENOMMÉE, descendant des cieux.
Non, non, rassurez-vous, plaintives nations!
Devant mon vol bruyant ne baissez point vos fronts,
Soyez sans peur : je suis l'éternelle marcheuse
Qui rôde nuit et jour sur la terre fangeuse,
Recueillant et semant tous les bruits que j'entends,
Les cris de la douleur ou les ris éclatants.

LES NATIONS.
Eh bien! monstre aux cent voix, aux profondes oreilles,
Toi qui vas répétant les choses sans pareilles
Que tu vois rayonner sur le théâtre humain,
Suspends un peu ton vol et laisse ton chemin.
Renommée, oh! dis-nous, dis-nous si dans l'Europe,
Que l'ombre de la nuit à cette heure enveloppe,
Il est encor des yeux, des âmes et des cœurs,
Qui souffrent de nos maux et pleurent de nos pleurs.

LA RENOMMÉE.
Enfants, tout est bien sourd aujourd'hui dans le monde,
Tout est bien retombé dans une fange immonde;
J'ai beau courir l'Europe, ah! du nord au midi,
Vos sœurs ont le cœur tiède et le bras engourdi,

Et ne s'émeuvent point de vos cris de misère.

LES NATIONS.

Quoi, nos sœurs sans pitié ! mais que fait l'Angleterre ?

LA RENOMMÉE.

L'Angleterre orgueilleuse et n'aimant que les siens,
Comme des animaux traque les Canadiens.

LES NATIONS.

O peuple malheureux ! ô terrible nouvelle !
Et la grande Allemagne aux proscrits si fidèle,
La mère des penseurs et de la liberté ?

LA RENOMMÉE.

L'Allemagne se tait devant la volonté
Du fétiche empourpré de la Russie immense.

LES NATIONS.

O honte sans pareille ! et la France, la France ?

LA RENOMMÉE.

La France ! elle est tranquille au sein de ses deux mers.
Dans les bras du plaisir coulent ses longs hivers,
Et l'été quelquefois pour passe-temps unique
Elle donne la chasse aux brigands de l'Afrique ;
Ou bien elle applaudit du geste et de la voix
Un tas d'ambitieux fabricateurs de lois
Qui vont se disputant avec l'injure amère
Les lambeaux écourtés d'un pouvoir éphémère.

LES NATIONS.

Quoi ! la France en est là ; la France dont le cœur
Est le ressort du monde et son puissant moteur !

LA RENOMMÉE.

Autre temps, autres soins. La France n'a plus l'âme
Ouverte aux grands projets : elle est terne et sans flamme
Comme le libertin épuisant son trésor,
Elle ne songe plus qu'à dépenser de l'or,
A dorer les habits de tous les gens de guerre
Pour qu'ils tiennent en paix le taureau populaire,
A donner des repas, des fêtes et des jeux,
A parler moins au cœur qu'à la panse et qu'aux yeux.

LES NATIONS.

O monstre! est-ce possible?

LA RENOMMÉE.

Hélas! la chose est telle,
La France est au sommeil, ne comptez plus sur elle;
Ne tirez vos efforts que de vous et de Dieu :
Quant à moi le temps passe, et je m'en vais. Adieu.

<small>Elle s'envole.</small>

L'ITALIE.

Ainsi donc nul secours pour briser mes entraves,
Et mes pauvres enfants seront toujours esclaves!

L'ESPAGNE.

O Castille héroïque, ô fertile Alava!
Antique Catalogne, ah! qui vous sauvera?
Qui vous délivrera de vos guerres civiles?
Qui rangera d'accord la campagne et les villes?
Quel bras détournera ce nuage de sang
Que sur nos champs déserts pousse un vent malfaisant?

LA POLOGNE.

Quelle onde apaisera la flamme qui dévore
La poitrine du Tzar, cette ardeur de centaure,
Cette ivresse du mal, ce plaisir de bourreau,
D'humilier toujours un grand peuple au tombeau ?

L'ESPAGNE ET L'ITALIE.

Que dire, qu'implorer, où nous tourner, que faire ?
Où trouver un refuge aujourd'hui sur la terre ?

LA POLOGNE.

Dans la tombe, mes sœurs, dans le sein du trépas.
C'est l'abri le plus sûr qui nous reste ici-bas.

L'ITALIE.

La Mort, la froide Mort ! Ah ! la douce Espérance,
Cette vierge attachée aux pas de la souffrance,
La dernière toujours au seuil des malheureux,
Ne nous a pas encor adressé ses adieux.
Non, non, quelle que soit la France désarmée,
Le portrait qu'en a fait la vieille Renommée
Pour nous n'est point fidèle, et nous y croyons peu :
La glace ne prend pas si tôt où vit le feu.

LA POLOGNE.

Hélas ! quand j'implorais son secours pour ma vie,
Qu'a-t-elle répondu ? l'ordre est dans Varsovie.

L'ITALIE ET L'ESPAGNE.

Et nous-même, ma sœur, ne nous a-t-elle pas
Mis le fer à la main, et prêché les combats,

Pour nous laisser après dans la lice sanglante
Tomber sous le poignet de la force insolente?
Mais ce lâche abandon nous l'avons oublié,
Nous voulons toujours croire à sa tendre pitié;
L'égoïsme n'est pas chez elle un mal qui dure,
C'est un vice d'emprunt et non point de nature.

LA POLOGNE.

Que voulez-vous donc faire ?

L'ITALIE.

Aller toutes les trois,
La réveiller encor du bruit de notre voix,
Lui découvrir nos flancs et nos mamelles pures,
Lui mettre les deux mains au sang de nos blessures,
Implorer son secours, l'émouvoir, l'attendrir
Et si rien ne lui fait, revenir pour mourir.

LA POLOGNE.

A vous suivre, mes sœurs, je me sens toute prête :
Mais l'aigle au double front qui plane sur ma tête,
Mais les cruels vautours dont les ongles de fer
Plongent incessamment dans votre maigre chair...

L'ITALIE.

Nous pouvons les tromper. La nuit nous est propice.
Tandis que le sommeil, plus fort que l'injustice,
Sous sa masse de plomb courbera nos tyrans,
Nous pouvons échapper à leurs yeux vigilants ;
Nous pouvons fuir, laissant en place de nous-même
L'image de nos corps, notre fantôme blême.

LA POLOGNE.

Tous les moyens sont bons aux cœurs désespérés,
Celui que nous tentons est des moins assurés ;
Je crains bien, ô mes sœurs, que notre course vaine
A nos tristes pays bientôt ne nous ramène :
Puisque Dieu le permet, encore cet effort !
Et s'il est inutile, eh bien ! vienne la mort.

LES NATIONS, se levant de leur couche.

O Nuit, profonde Nuit ! mère antique de l'Ombre !
Reine au front nuageux, à l'aile humide et sombre,
Toi qui prêtes ton voile à tant de scélérats,
A tant d'œuvres sans nom qu'ils trament ici-bas,
O Nuit ! feras-tu moins pour de pauvres victimes
Que tu ne fis toujours pour l'artisan des crimes ?
Couvre de ton manteau la trace que nos pieds
Vont graver sur la terre en quittant nos foyers,
Fais que les Apennins, les hautes Pyrénées,
Entr'ouvrent sous nos pas leurs neiges obstinées,
Et que l'Elbe et le Rhin au creux de leurs roseaux
Dorment sans se douter du trouble de leurs eaux.
O Nuit ! prends en pitié notre longue infortune,
Dérobe à tous les yeux notre fuite commune,
Et ne laisse point luire au ciel d'astres errants
Avant que nous ayons atteint le sol des Francs.
Et vous, larves sacrés, fantômes, apparences !
Images de nous-même, ô tristes ressemblances !
Ombres que nous laissons en place de nos corps
Pour tromper nos gardiens, redoublez vos transports,

Versez, versez des flots de larmes abondantes,
Continuez le jet de nos plaintes ardentes,
Frappez l'air de longs cris ; aux yeux de nos bourreaux
Laissez pendre vos seins, vos habits en lambeaux !
Ah ! queles noirs démons, fléaux de notre vie,
L'infâme despotisme et l'horrible anarchie,
La misère, la honte, et tous les dieux du mal
Qui pèsent sur nos corps de leur poids infernal,
Vous sentant sous la main redoublent les supplices :
Qu'ils frappent sans relâche, et que leurs durs sévices
Grossissent le torrent des forfaits odieux
Qui doivent à la fin faire éclater les cieux.

II

LE PALAIS DE LA FRANCE

———

Dans une belle salle de marbre est dressé un banquet somptueux. La France, entourée de convives, est couchée à demi nue sur un lit de pourpre. Elle tient une coupe à la main.

LA FRANCE.

Ah! que la vie est belle et son aspect divin,
A travers la fumée et la pourpre du vin!
Comme le pur soleil se jouant dans un verre
Donne du coloris aux pâleurs de la terre;
Le ciel descend dans l'âme, et vous fait nuit et jour
Flotter devant les yeux les rêves de l'amour :
L'ivresse est à mon gré la plus douce des choses.
Arrière la morale et ses dictons moroses!
Le passé n'est qu'une ombre et l'avenir n'est pas;

Le présent bien heureux seul existe ici-bas :
Goûtons ses fruits dorés, du soir jusqu'à l'aurore,
Et buvons à la Paix, déesse que j'adore,
Puis au plaisir son fils, au plaisir, mon amant !

LES CONVIVES.

A la paix, au plaisir, au bonheur du moment !

POT-DE-VIN, à part.

Bien, courage, achevons l'ivresse de la France.
Je lis dans ses regards brillants de jouissance
Sa tendresse pour moi, mon triomphe assuré ;
Encore un coup de plus, et je suis adoré.
Allons, fameux auteur de tant de beaux miracles,
Toi dont le bras nerveux renverse tant d'obstacles,
Qui fais jaillir des cœurs les plus profonds secrets,
Entendre les plus sourds, parler les plus muets,
Bacchus pousse la France, augmente son délire,
Et fais-moi conquérir le grand trône où j'aspire...
A la France divine et pleine de beauté,
Richesse, amour, repos, longue vie et santé !

Il verse du vin dans la coupe de la France.

LES CONVIVES.

A la France divine et pleine de beauté,
Richesse, amour, repos, longue vie et santé.

LA FRANCE.

Merci, fils de la Paix, par ce vin délectable,
Vous êtes à mon sens un mortel adorable,
Un superbe mangeur, un sublime gosier,

Capable d'engloutir le Bordelais entier ;
Un bon vivant surtout que la mélancolie
N'hébètera jamais de sa noire folie.
J'aime cette humeur franche et ces emportements ;
Triste veuve, ma foi, j'ai pleuré trop longtemps :
En campagne toujours et toujours en haleine,
J'ai couru trop longtemps après la gloire vaine,
Ce fantôme doré qui s'effaçait soudain
Lorsque je l'étreignais, et qui laissait ma main
Vide comme la nuit, désolée et sanglante.
Je ne veux plus de pleurs, de sang et d'épouvante ;
Je suis lasse à la fin, et ne veux plus courir
Qu'après le doux repos ou l'enivrant plaisir.
O Paix, aimable Paix ! souffre donc que je place
Mes deux mains dans les mains de ton fils plein de grâce,
Que je m'unisse à toi par un lien charmant,
Par les nœuds redoublés de l'amour et du sang,
Que je puisse toujours être de ta famille,
Que ton fils ait mon cœur, et que je sois ta fille.

POT-DE-VIN.

L'ai-je bien entendu ? je serais votre époux !
Sans vaine raillerie, ô France, parlez-vous ?

LA FRANCE.

Aussi vrai que je bois. Ne puis-je au rang suprême
Élever tout d'un coup l'heureux mortel que j'aime,
Et mettre à mon niveau le sujet qui me plaît ?

POT-DE-VIN.

France, je doute encor d'un aussi grand bienfait !

Ah ! que le Dieu puissant qui régit l'empyrée
Tempère de mon cœur l'ivresse immodérée !
Car le bonheur m'accable et me semble si fort
Qu'il pourrait à vos pieds m'étendre comme un mort.

LA FRANCE.

Vraiment, s'il faut mourir, ce n'est point à cette heure,
Et je ne cherche pas un mari pour qu'il meure :
Vite, mon cher amant, délaissez mes genoux,
Et comme auparavant buvons à triples coups.
Amis, je veux demain que l'airain des batailles
Annonce à l'univers nos belles fiançailles ;
Mais en l'attente aussi du grand jour de demain,
Remplissons chaque coupe en l'honneur de l'hymen.

LES CONVIVES.

Buvons, buvons !

LA FRANCE.

    Oui, tous : de sa prison de verre
Que l'esprit bouillonnant parte comme un tonnerre ;
Que le champagne coule, et qu'avec les chansons
Les danses au sein nu tournent sur les talons :
Ah ! j'aime, quand l'on boit, la danse et la musique ;
C'est le ton du vieux temps, c'est la manière antique :
Aujourd'hui, c'est la mienne ; enfants de l'Opéra,
Déroulez vos trésors, dansez la cachucha !

LES CONVIVES.

Bravo, France, bravo ! vive la cachucha !

POT-DE-VIN, d'abord à part, puis tout haut.

Mon triomphe est certain et mon règne commence,

Demain je m'assiérai sur le trône de France;
Je tiens l'oiseau royal en mes larges filets ;
Maintenant, bel oiseau, s'il se peut, rompez-les !
Allons, musiciens, danseurs, batteurs de planches,
Jouez en son honneur de la langue et des hanches,
N'épargnez pas la voix, flatteurs mélodieux,
Et le geste lubrique; allons, à qui le mieux
Fera pâmer le sein de ma charmante idole.
Ah! je ferai monter les flots d'or du Pactole
Jusqu'au faîte moussu de vos obscurs réduits.

On frappe aux portes du palais.

Mais quel est ce tapage, et d'où viennent ces bruits?
Tudieu! sommes-nous donc au sabbat des sorcières?

Les danses et les chants s'arrêtent.

UN SERVITEUR.

O reine!

LA FRANCE.

Que veux-tu?

LE SERVITEUR.

Voici trois étrangères
Qui heurtent de leur poing au portes du palais,
Et qui, la voix tremblante et les yeux inquiets,
Demandent à parler sur-le-champ à la France.

POT-DE-VIN.

La princesse aujourd'hui ne donne pas audience.

LE SERVITEUR.

Elles ont l'air souffrant : des pleurs sont dans leurs yeux
Et leurs **bras** amaigris se lèvent vers les cieux.

POT-DE-VIN.

Assez, poussez dehors ces femmes importunes,
Nous n'avons pas le temps d'ouïr leurs infortunes ;
Qu'on les mène au dépôt de la mendicité.

LA FRANCE.

Ah ! seigneur, vous avez bien de la dureté.

POT-DE-VIN.

De nos jours la paresse emprunte à la misère
Si souvent sa figure et son haillon vulgaire,
Que l'on peut quelquefois ne pas croire au malheur.

LA FRANCE.

Il vaut mieux se tromper que de manquer de cœur.
Sous des traits languissants, sous des haillons infâmes,
Peuvent se dérober de magnifiques âmes !
Et puis, je suis heureuse ; et quand j'ai du plaisir
J'aime aux infortunés à le faire sentir.
Qu'elles viennent.

LE SERVITEUR.

 Entrez.

POT-DE-VIN.

   Au diable les coureuses !

<small>Les nations apparaissent.</small>

LES CONVIVES.

Quel misérable aspect ! que leurs tempes sont creuses !
Comme le noir chagrin siége profondément
Dans leurs yeux éplorés ! Sur chaque vêtement
Que de grands trous béants, d'empreintes purpurines,

Que de coups noirs et bleus marqués sur leurs poitrines !
On dirait presque à voir leur costume, leur air,
Les Prières, enfants du puissant Jupiter,
S'en venant implorer la céleste vengeance.

LA FRANCE.

Approchez-vous sans peur du trône de la France !
Parlez, d'où venez-vous, quelles sont vos douleurs ?

LES NATIONS.

Nous venons de fort loin.

LA FRANCE.

Et vous-êtes ?

LES NATIONS.

Tes sœurs.

LA FRANCE.

Quoi ! le sang nous unit par des liens intimes ?

LES NATIONS.

Oui, nous sommes tes sœurs, et de plus tes victimes.

LA FRANCE.

Mes victimes, mes sœurs ! je ne vous comprends pas

POT-DE-VIN.

Moi, je les entends bien, je conduirais leurs pas
Aux petites maisons : ces trois femmes sont folles.

LES NATIONS.

Puisque tu n'entends pas le sens de nos paroles,
Et que ton lourd cerveau nage encor dans le vin,
Regarde-nous de près, apprends nos noms enfin.

L'ESPAGNE.

France! ces yeux éteints que l'horreur accompagne,
Ce visage sanglant que tu vois; c'est l'Espagne.

L'ITALIE.

Ces bras désespérés que je dresse dans l'air,
Et qui portent en bleu les empreintes du fer,
Sont les bras de ta sœur, la plaintive Italie.

LA POLOGNE.

Et moi, triste squelette à la face pâlie,
Qui viens t'épouvanter de mon lugubre abord,
Moi, je suis la Pologne à deux doigts de la mort.

LA FRANCE.

Oh! grand Dieu, se peut-il?

POT-DE-VIN.

Non, ce sont des fantômes.

LES CONVIVES.

Reine, chassez-les vite aux funèbres royaumes :
Au signe de la croix les esprits des tombeaux
Rentrent en frémissant au fond de leurs caveaux.

LA FRANCE.

Hélas! plus je les vois, plus le sombre nuage
Qui pesait sur mes yeux et voilait leur image
Se dissipe... mes sœurs... ce sont bien là leurs traits...
Comment ont-elles pu venir dans ce palais?

LES NATIONS.

L'arbitre de la terre et de nos destinées

A, pour un peu de temps, quelques pâles journées,
Permis que nous quittions notre sol malheureux.

LA FRANCE.

Mais qui vous pousse ici? quel motif désastreux?

LES NATIONS.

C'est l'excès de l'injure et de notre souffrance,
Le désir de finir une dure existence,
Et de savoir enfin, ô France, chère sœur,
Si toute pitié sainte a déserté ton cœur.

LA FRANCE.

Mon cœur, vous en doutiez?

LES NATIONS.

     Oui, car tu nous délaisses.
Les plaisirs sensuels ont toutes tes tendresses :
Pourtant ce n'est point là le merveilleux attrait
Où nous avions pensé que ton cœur se prendrait.
C'est toi qui nous as mis le charbon sur la lèvre :
Toi qui, nous infiltrant le venin de ta fièvre,
Nous as fait boire au fond de ton verre enchanté
Le vin de l'espérance et de la liberté.
La souffrance pour nous devenait habitude;
Sous le vent du malheur et dans la servitude,
Ainsi que des lépreux qui ne peuvent guérir,
Sans plainte, sans regrets, nous nous laissions mourir,
Ne pensant qu'à Dieu seul; lorsque ta voix profonde,
Comme un coup de tonnerre épouvantant le monde,
Entra dans notre oreille avec ces cris nouveaux :

Peuples, rompez vos fers et secouez vos maux ;
La France vous soutient : alors à la vaillance
Nous entonnons une hymne, et la lutte commence.
Mais le mal était fort, et tu ne venais pas,
Il nous fallut céder, et nous fûmes à bas ;
Si bas, que maintenant notre chétive vie
N'est plus qu'un râle sourd, une lente agonie,
Une ombre qui se traîne, et que le Dieu vivant
Balayera bientôt de ce globe mouvant.

LES CONVIVES.

La France est tout émue, et ses noires paupières
Laissent tomber des pleurs ! Ah ! renversons nos verres;
Amis le ciel est sombre, et du festin rompu
L'allégresse s'enfuit.

POT-DE-VIN, à part.

Mon travail est perdu !
Ces lamentations percent à jour ma trame,
Et comme autant de clous s'enfoncent dans mon âme.
Maudit soit le portier, stupide et sans cerveau,
Qui laissa jusqu'ici pénétrer ce troupeau !

LA FRANCE.

Mes sœurs, mes chères sœurs, votre voix est amère,
Vos reproches sont durs.—Toujours d'un cœur sincère
J'ai partagé le pain de vos grandes douleurs,
Et passé bien des nuits à vous donner des pleurs.

LA POLOGNE ET L'ESPAGNE.

Il nous eût mieux valu des boulets que des larmes.

LA FRANCE.

Italie, Italie, au premier cri d'alarmes
N'ai-je pas dans Ancône envoyé mes soldats?

L'ITALIE.

Oui, pour voir des remparts, et le fusil au bras,
Les enfants de l'Autriche inondant la campagne
Remettre sous le joug la plaintive Romagne,
Et rendre aux porte-clefs du pontife romain
Le sceptre vermoulu qui tombait de leur main.

LA FRANCE.

Ah! que voulez-vous donc aujourd'hui que je fasse?

LES NATIONS.

Redevenir toi-même et reprendre la place
Où ton cœur généreux jadis était monté;
Faire entendre aux tyrans le cri de liberté,
Et, si tu n'obtiens rien par ta parole pure,
Sonner de la trompette et ceindre ton armure.

LA FRANCE.

Mais puis-je avec la Paix rompre les nœuds si doux
D'une tendre amitié, renoncer à l'époux
Qui va couvrir de fleurs ma belle destinée?

LES NATIONS.

Un époux!

LA FRANCE.

Oui, mes sœurs, un nouvel hyménée
Par des liens charmants doit m'unir au repos :
L'amour encor pour moi rallume ses flambeaux.

LES NATIONS.

O contraste effrayant des choses de ce monde !
Quand, le front prosterné dans une poudre immonde,
Les bras chargés de fers, et le sein déchiré,
Nous poussons vers le ciel un cri désespéré,
La France est à l'amour et ne songe qu'à plaire.
O mortel glorieux que notre sœur espère,
Où donc es-tu ? que nous ployions les deux genoux
Devant ta majesté !

LA FRANCE.
Le voilà devant vous.

LES NATIONS.

Quoi ! ce Trimalcion, à la face rougie
Du vin de la débauche et des feux de l'orgie,
Ce ventre cousu d'or, ce satyre mondain,
Est le héros auquel tu vas donner ta main ?

LA FRANCE.
C'est le fils de la Paix, l'enfant de la déesse
Que j'aime...

LES NATIONS.
Ruse insigne, incroyable faiblesse !
Ah ! nous le connaissons ce héros, nous savons
Sa naissance et le but de ses ambitions.
Nous savons que la Paix, dans une heure fatale,
Séduite par les yeux et la voix triomphale
D'un prince de l'enfer, trop célèbre démon,
Ici-bas l'enfanta des baisers de Mammon.
Depuis ce temps, rempli d'audace et d'imposture,

Et cédant au penchant de sa vile nature,
Il tâche de ranger l'univers sous ses lois :
Il emprunte au plaisir et son masque et sa voix ;
Ses dehors sont trompeurs, mais le fond est infâme,
C'est l'avilissement et la torpeur de l'âme,
L'amour du gain, la ruse, et le manque de foi.
O France ! est-ce bien là l'époux digne de toi ?
Est-ce le descendant de la race sublime
Qui toujours mérita ton amour magnanime ?
Non, ce n'est point le sang de ces hommes altiers
Qui firent à ton front verdir tant de lauriers.
Souviens-toi des auteurs de ton antique gloire ;
Le cor du grand Roland, de sa bouche d'ivoire,
Ne te sonne-t-il plus un douloureux appel ?
Et le battoir d'acier du vieux Charles Martel
Est-il assez couvert de rouille et de poussière,
Pour qu'il ne frappe plus tes yeux de sa lumière ?
Et le fer de Louis, redouté du païen,
Louis, le seul roi franc dont le cœur fût chrétien,
L'armure de Guesclin, son épée et sa hache,
Le casque tout meurtri du chevalier sans tache,
L'écharpe de Crillon, celle de Catinat,
Tous ces pieux débris dont l'immortel éclat
Rehausse ton palais mieux que l'or des tentures,
De la fierté de cœur et des nobles allures,
Ne sont-ils plus pour toi les signes triomphants ?
Et vous, du dernier siècle infortunés enfants !
Que la France adora dans sa tourmente amère,
Vous dont la sainteté consola sa misère,

André, Bailly, Desaix, Lafayette et Marceau,
Tout ce que l'honneur pur a créé de plus beau,
Mânes des vrais héros, ombres républicaines,
Pouvez-vous, du sommet de vos gloires lointaines,
Contempler ici-bas sans honte et sans frémir
L'être avec qui la France aujourd'hui veut s'unir?

POT-DE-VIN.

C'en est trop, je ne puis supporter ce langage,
O France! le discours de ces femmes m'outrage.
Lorsqu'il arrive aux gueux d'être trop insultants,
Sur eux on fait rouler la porte à deux battants.
Holà, gardes, amis! loin de ces lieux qu'on traîne
Cette troupe bruyante, et que sa langue vaine
Aille semer ailleurs ses discours effrontés.

LES CONVIVES.

Oui, poussons-les dehors!

LES GARDES.

Avançons!

LA FRANCE, se levant.

Arrêtez!
Malheur à qui mettra la main sur leur poitrine!
Ces femmes en haillons sont de race divine;
L'Éternel nous tira toutes du même flanc;
C'est la chair de ma chair et le sang de mon sang.
Ah! Nations mes sœurs, vos paroles de flamme
Ont mis en traits aigus le remords dans mon âme;
Vous avez fait monter la rougeur à mon front,

Et, comme un bon coursier, j'ai senti l'éperon,
Merci : je ne veux plus qu'on dise par le monde,
La fille de Brennus, la France sans seconde,
A fermé son oreille aux plaintes du malheur,
Et comme l'égoïste, elle a manqué de cœur.
Non, non, de la pitié la chaleur immortelle
Ne s'éteindra jamais sous ma large mamelle ;
Le brasier de l'amour et de la charité
Doit reflamber au vent de toute adversité ;
Assez de jeux, de vins, et de folles dépenses ;
A d'autres temps l'hymen, la musique et les danses ;
Je renonce au plaisir, aux douceurs de la paix :
D'abord le bien du monde, et mon repos après.
Allons, mes pauvres sœurs, troupe souffrante et sainte,
Entrez dans mon palais, que sa royale enceinte
Vous soit un doux asile, et là, près de mon cœur,
Livrez-vous à l'espoir d'un avenir meilleur.

LES CONVIVES.

Amis, séparons-nous ; la France turbulente
A repoussé du pied la table étincelante
Et quitté son grand lit. — La France est au dieu Mars.
Ses yeux rouges d'éclairs, ses longs cheveux épars
Inspirent la terreur. — Amis, voici la guerre !
Courons boire autre part...

POT-DE-VIN.

               Allons trouver mon Père.

LES NATIONS.

Respirons un peu, mes sœurs,

Et séchons, séchons nos pleurs!
Il est doux pendant l'orage,
Sur une mer sans rivage,
Au sein d'une épaisse nuit,
De voir comme un feu qui luit,
A travers le sombre voile
Blanchir le front d'une étoile;
Ainsi, dans notre malheur,
Nous retrouvons un bon cœur
Qui saigne à notre souffrance,
C'est le grand cœur de la France :
Tout espoir n'est pas perdu;
Son amour nous est rendu.

L'ESPAGNE, s'adressant à l'Italie.

Tel on voit l'olivier, de sa racine antique
Et de son tronc ouvert par l'outrage des ans,
Élever dans les airs plus d'un jet magnifique,
Et pousser à plein fût des rameaux abondants;
Tel, ô douce Italie, ô noble sœur féconde,
Ton beau terrain natal peut encor reverdir,
Et, tout gonflé de séve et riche d'avenir,
Répandre ses parfums sur la face du monde.
Oui, tes vallons encor, tels qu'aux jours du printemps,
S'émailleront de fleurs, et, sous leurs verts ombrages,
De grands humains pareils à tes premiers enfants,
Avec la corde d'or du plus doux des langages,
　　Réjouiront l'univers de leurs chants.

LA POLOGNE, à l'Espagne.

Comme la malheureuse et dolente Chimène,

Après des pleurs de sang et de longs jours de peine,
Vit rayonner sur elle un ciel d'azur et d'or;
Et, laissant là le deuil pour les chants d'hyménée,
Redevint tout à coup l'épouse fortunée
Du plus grand des mortels, du Cid Campeador;
Ainsi, chétive sœur, noble Espagne en délire,
Relève tes cheveux, recommence à sourire,
L'Enfer ressaisira l'anarchie et la mort;
Et tendre également pour toute ta famille,
Aimant d'un même amour Aragon et Castille,
La douce Liberté te fera luire encor
    Les jours heureux du Cid Campeador.

L'ITALIE, à la Pologne.

Et toi, pauvre aigle blanche, à l'aile mutilée,
A la plume avilie et longtemps flagellée
Par les chaînons de cuir du knout impérial,
Pologne valeureuse, à la voûte étoilée
Tu reprendras aussi ta sublime volée,
Et tu rempliras l'air de ton cri triomphal.
Oui, des fiers Jagellons la compagne guerrière
Se rebalancera dans la pure lumière,
Et plongeant à son tour sur le monstre puissant
Qui tant de fois, hélas! s'abreuva de son sang,
Elle meurtrira l'ours à l'épaisse crinière;
Et le monstre hurlant sous un ongle vengeur,
    Dans ses glaciers fuira plein de terreur.

LES NATIONS.

    Il est doux pendant l'orage,

Sur une mer sans rivage,
Au sein d'une épaisse nuit,
De voir comme un feu qui luit
A travers un sombre voile,
Blanchir le front d'une étoile.
Ainsi, dans notre malheur,
Nous retrouvons un bon cœur
Sensible à notre souffrance,
C'est le grand cœur de la France :
Ah! l'espoir n'est point perdu;
Son amour nous est rendu.

III

LE TEMPLE DE MAMMON

La statue d'or du prince de l'enfer s'élève au milieu de la salle. Les autels fument, les prêtres chantent, et la foule des adorateurs s'incline.

HYMNE DES PRÊTRES.

L'or est le prince des métaux,
Le lustre de la terre et l'ornement du monde ;
Le soleil est tout or, et le ciel qu'il inonde
A la couleur de l'or dans les jours les plus beaux.
    A l'or la suprême puissance ;
C'est le nerf des États et la force des rois :
L'or est le grand parleur, et toute noble voix
    Pâlit devant son éloquence.
    L'or est la meilleure des clés

Pour triompher d'un coup des plus solides portes ;
    Les murs d'airain, les places fortes,
Et le giron vermeil des blanches Danaés,
Tout cède à sa puissance et s'ouvre à ses beautés.
    Avec l'or pleuvent les merveilles,
Les voluptés du ventre et celles du cerveau,
Les écussons brillants, les vertus sans pareilles,
Et les coups d'encensoir au grand jour du tombeau :
    Rien n'est meilleur, rien n'est plus beau.
Gloire, gloire à Mammon, au dieu de la richesse !
    Que nos voix pleines d'allégresse
    Aillent pour lui frapper les cieux :
Car c'est lui le premier qui fouillant dans la terre,
Sut arracher au sein de cette avare mère
    L'or magnifique et précieux.

LA FOULE.

Gloire, gloire à Mammon, le dieu de la richesse !
Que nos hymnes d'amour et nos chants d'allégresse
    Touchent son cœur, et sur nos fronts joyeux
    Fassent descendre un regard de ses yeux !

LE GRAND PRÊTRE.

    Dieu de l'or, entends la prière
    Des nombreux enfants de la terre,
    Et reçois les dons solennels
    Qu'ils déposent sur tes autels.
    D'abord voici les boules blanches
    De vingt graves représentants ;
    Puis les habits brodés sur tranches

D'une centaine d'intendants ;
Les écharpes, les épaulettes
De maints célèbres généraux ;
Les plumes d'or de trois poëtes
Aux intarissables cerveaux ;
Puis des feuilles de journalistes,
Des brochures de nouvellistes,
Et les bonnets et les rabats
De plus de soixante avocats.

LA FOULE.

Gloire, gloire à Mammon, le dieu de la richesse !
Que nos hymnes d'amour et nos chants d'allégresse
　　Touchent son cœur, et sur nos fronts joyeux
　　Fassent descendre un regard de ses yeux !

LE GRAND PRÊTRE.

Adorateurs du Dieu, magnanime assistance,
Qui des dons les plus beaux couvrez l'autel immense,
A genoux maintenant, et joignez les deux mains !
Pour que le dieu puissant nous soit toujours propice,
Voilà ce qu'aujourd'hui, dans notre sacrifice,
Nous offrons saintement à ses regards sereins :
　　Trois cervelles d'agent de change
　　Dégouttantes de sang, de fange,
　　Et que le blême désespoir
　　A fait sauter hier au soir ;
　　Deux cœurs de pères de famille
　　Percés par un glaive mortel
　　Dans les jeux emportés du duel ;

Trente avortons dans leur guenille,
Enfantement triste et malsain
De la misère et de la faim ;
Et puis les larmes bien amères
De cent veuves et de cent mères,
Expirant sur de noirs grabats
Avec leurs enfants dans les bras.

LA FOULE.

Gloire à Mammon, le dieu de la richesse !
Que notre sacrifice et nos chants d'allégresse
    Touchent son cœur, et sur nos fronts joyeux
    Fassent descendre un regard de ses yeux !

LE GRAND PRÊTRE.

L'odeur du sacrifice et ses vapeurs divines
Ont caressé du dieu les superbes narines.
Ses esprits sont flattés et ses sens satisfaits :
Or donc, juifs et chrétiens, de tout sexe et tout âge,
Princes de la finance et de l'agiotage,
Livrez-vous sans contrainte à vos ardents projets,
Et le dieu dans vos mains répandra ses bienfaits.

LA FOULE.

    Gloire à Mammon ! lâchons la bride
Aux démons enflammés des spéculations ;
Jouons, agiotons, brocantons et vendons ;
Vendons le faux pour vrai, le chanceux pour solide,
      Cuivre pour or, fer pour acier ;
      Exploitons des mines fécondes
      Qui n'auront de veines profondes

Que sur la langue et le papier;
Trompons-nous, pillons-nous sans nulle retenue:
Point d'égard pour celui qui n'a pas bonne vue;
Sa bourse est un enjeu qu'il faut en vrai croupier
    Saisir d'une main opportune;
Poursuivons, nuit et jour, le but de nos désirs,
Sans halte, sans pitié, sans remords, sans soupirs;
Comme des dératés courons à la fortune.

POT-DE-VIN, il arrive effrayé.

Frères, frères, assez de bruits, de mouvements,
Que votre saint tumulte et vos bourdonnements
S'apaisent à ma voix. Ah! le vent des tempêtes,
Chers enfants de Mammon, va mugir sur vos têtes.

LE GRAND PRÊTRE.

Mon fils, pourquoi troubler en ce jour solennel
Les doux loisirs du peuple et les soins de l'autel?
Pourquoi ces cris d'effroi, ce lugubre langage,
Et la triste pâleur peinte sur ton visage?
Que nous annonces-tu?

POT-DE-VIN.

    La ruine et la mort.

LE GRAND PRÊTRE.

Sombre oiseau de malheur, noir prophète du Sort,
Est-ce un esprit malsain qui t'aveugle et t'égare?
Achève...

POT-DE-VIN.

Encore un coup, notre deuil se prépare:

Les rigueurs du destin se tournent contre nous,
Et son courroux ardent nous dispersera tous,
Comme on le vit jadis balayer sur la terre
Les tribus d'Israël au vent de la misère.

LA FOULE.

O nouvelle imprévue, ô sombre événement!
Oh! ne nous cachez rien, parlez ouvertement!

POT-DE-VIN.

Oui, je vous parlerai net et sans réticence.
Eh bien, c'est fait de nous : notre chaude existence,
Nos trafics illégaux, nos jeux désordonnés,
Sont finis pour longtemps, nous sommes ruinés ;
Car un nouveau Samson de ses mains vigoureuses
Va du temple ébranler les colonnes poudreuses,
Renverser nos autels comme la foudre en feu,
Et sous d'épais moellons enterrer notre dieu.
Jérusalem encor touche à sa décadence :
L'honneur s'est réveillé dans le cœur de la France.

LA FOULE.

L'honneur, l'antique honneur! ah! nous l'avions cru mor
Et comme une momie enfoui sans ressort,
Dans les jaunes bouquins de quelques humoristes.
Qui donc a ranimé ce squelette aux yeux tristes,
Ce fantôme encensé par le maigre troupeau
Des mangeurs de pain dur et des froids buveurs d'eau?

POT-DE-VIN.

Trois femmes, trois démons, trois nouvelles harpies,

Dont les amers sanglots et les clameurs impies
Ont de la France heureuse assombri les humeurs.
L'Espagne, l'Italie, et la Pologne en pleurs,
Viennent de lui montrer le sang de leurs blessures ;
Et la Pitié, sortant de ces sources impures,
A pénétré son cœur d'un nouveau sentiment
Et chez elle allumé le feu du dévoûment.

LA FOULE.

Ah ! nous sommes perdus, bons à mettre sous terre !
Dans les emprunts du jour plus d'heureux gains à faire,
Plus de marchés à terme et de gras péculat,
De large tripotage aux caisses de l'État.
Comment parer un coup si dur pour notre bourse ?

POT-DE-VIN.

Je ne sais qu'un moyen : notre unique ressource,
C'est, d'un rapide élan, de nous prosterner tous
Aux pieds du dieu sauveur qui trône devant nous.

LE GRAND PRÊTRE.

Oui tous, à deux genoux, devant la sainte idole,
Et que de chaque cœur la prière s'envole.

L'assemblée fléchit le genou devant la statue.

POT-DE-VIN.

O Mammon, le plus grand des dieux de l'univers,
Toi que, sous mille noms et dans cent lieux divers,
Chaque fois que renaît la blancheur de l'aurore,
Le troupeau des humains pieusement adore ;
Toi, le dispensateur de la félicité,

Toi, le lien puissant de la société,
Dieu fort, Dieu souverain, ô Mammon, ô mon père,
De ton plus cher enfant écoute la prière !
D'un œil indifférent, grand Dieu ! pourrais-tu voir
Expirer dans ces lieux ton culte et mon pouvoir,
Souffrir que le plus beau joyau de ta couronne,
Ton rubis le plus cher, la France, t'abandonne,
Et tombe dans les mains d'un vil enfant du ciel
Qui s'est montré toujours notre ennemi mortel ?
O mon père, il y va plus que de ta puissance
Sur un peuple ; le cœur du monde, c'est la France :
C'est sur son mouvement discord ou régulier
Que se règle celui de l'univers entier.
Si donc tu ne m'es point propice et secourable,
Si tu laisses ravir à mon frein équitable
Comme un fougueux coursier le grand peuple gaulois,
L'univers l'imitant peut rejeter tes lois.
Quelle perte, ô mon père, et surtout quelle honte !
Que de mal pour refaire et cacher ce mécompte !
Que de combats cruels et de chemins ardus
Pour regagner les biens que nous aurons perdus !
Souviens-toi des moments passés avec ivresse
Dans les bras de la Paix, ma mère, ta maîtresse !
Souviens-toi de ces nuits plus belles que les jours,
Et regarde en pitié le fruit de tes amours.
Je suis bien de ta race, et je porte dans l'âme
Les rayons les plus vifs de ton ardente flamme.
Non, tu ne voudras pas la honte de ton sang ;
Tu me préserveras d'un outrage cuisant :

Par les noms les plus doux, par celui de ma mère,
Tire-moi du péril où je suis, ô mon père,
Donne-moi le moyen de renverser l'honneur
Du grand cœur de la France.

LE GRAND PRÊTRE.
Écoutons !

LA STATUE.
Par la peur.

POT-DE-VIN.
L'ai-je bien entendu ? la peur... est-ce possible ?
O mon père, rends-moi plus claire et plus sensible
Ta pensée, et dis-moi par quel charme vainqueur
Je puis courber le front de la France...

LA STATUE.
La peur.

POT-DE-VIN.
Mais ne sais-tu donc point de quelle trempe dure
L'Éternel a formé sa robuste nature ?
Son corps ne s'émeut point au tumulte des airs :
Son œil sans se baisser voit le feu des éclairs ;
Jamais, au grand jamais, au plus fort du carnage,
La lâcheté ne mit du blanc à son visage :
Qui pourrait donc la vaincre aujourd'hui ?

LA STATUE.
C'est la peur.

POT-DE-VIN.
Quoi ! la divinité qu'en des jours de malheur

Invoquèrent, pareils aux sept chefs devant Thèbe,
Les princes ténébreux d'un effrayant Érèbe,
Les triumvirs sanglants de la Convention,
Le pâle Robespierre et Saint-Just et Couthon !

LA STATUE.

La peur.

POT-DE-VIN.

Est-ce l'épée ardente et fanatique
Que sur les fronts chrétiens levait saint Dominique?

LA STATUE.

La peur.

LA FOULE.

La peur, la peur !

POT-DE-VIN.

Ah ! mon esprit en vain
Veut pénétrer le sens de l'oracle divin;
Il erre comme, au sein d'une caverne sombre,
Un homme qui voit luire un vif éclair dans l'ombre.
Parle encore, ô mon dieu !... mais il ne répond plus...
Ah ! mes élans vers lui seraient-ils superflus ?

LE GRAND PRÊTRE.

Non, mon fils, le dieu bon exauçant ta prière
A parlé, mais ton âme est encor trop grossière
Pour comprendre l'oracle aux ténébreux accents :
C'est à moi qu'il convient d'en dérouler le sens.
Ce n'est point par les chants, mais le bruit du tonnerre,
Que les dieux ont toujours gouverné sur la terre ;

Sans le bâton du pâtre et les crocs du mâtin
Les troupeaux hébétés oublîraient leur chemin :
La crainte maniée avec intelligence
Est le secret du fort et donne la puissance;
Écoute donc, mon fils. Toute société
Recèle dans le fond de son gouffre agité
Des enfants de Moloch une troupe en délire
Que le meurtre aiguillonne et que le sang attire,
Et qui, malgré les yeux de mille surveillants,
Les remparts élevés et les glaives brillants,
Nourrit toujours en soi l'espérance hardie
D'étaler au grand jour sa sombre frénésie.
La France, comme une autre, a, dans les flancs noircis
De ses grandes cités, de semblables esprits,
Ne respirant que l'air empesté du carnage,
Et prêts, comme forbans, à tenter l'abordage.
Sûr d'être le plus fort et de les contenir,
Tu peux de leur fureur aujourd'hui te servir.
Laisse donc cette vase aller à la surface ;
Que la France les voie un moment face à face ;
Amante de la guerre et des choses d'éclat,
Qu'elle contemple à nu l'horrible assassinat;
Et soudain effrayée au fond de ses entrailles,
Elle rejettera le glaive des batailles,
Délaissera ses sœurs, et te tendant les bras,
Retombera bientôt plus avant dans tes lacs.
Va, mon fils, va, retourne au palais de la France,
Montre à cette guerrière un front plein d'assurance,
Et songe qu'il ne faut désespérer jamais

Lorsqu'on a de Mammon et le sang et les traits.

LA FOULE.

Vive, vive Mammon !

POT-DE-VIN.

O père que j'adore,
Et qui, par ton saint prêtre à la bouche sonore,
Viens de remplir mon cœur de sublimes accents,
Je comprends ta pensée et tes conseils puissants.
Oui, grâce au cri divin qui résonne en mon âme,
L'horizon de nouveau s'éclaire et se renflamme ;
L'Espérance sourit et promet à mes vœux
Un avenir serein et des jours glorieux ;
Je sens renaître en moi l'audace et le courage ;
Je vais vaincre l'Honneur et laver mon outrage.

LA FOULE.

Gloire au plus grand des dieux, au splendide Mammon!
Dans un hymne sans fin célébrons son grand nom !

LE GRAND PRÊTRE.

Ah ! qu'un nouvel encens sur l'autel doré fume,
Et que l'amour du Dieu plus ardent se rallume !

LA FOULE.

Comme le vent du nord nettoie un ciel obscur
Et chasse à gros flocons, des plaines de l'azur,
Les nuages porteurs de l'onde et de l'orage :
Ainsi la voix du Dieu, secourable langage,
    Rend à nos sens le calme pur.
    Allons, frères en tromperie,

Coupe-jarrets de l'industrie,
Hardis monopoleurs, tripoteurs d'actions,
Reprenons comme avant nos spéculations :
Et tels qu'un bon chimiste à la tête profonde,
    Extrayons le divin métal
Du feu, de l'eau, de l'air, et du bien, et du mal,
    De toute chose au monde.
Que nous importe, à nous, le triste et vain amas
Des antiques vertus, la pudeur soucieuse,
La foi, le dévoûment, la pitié généreuse
    Pour des pays que l'on ne connaît pas ?
    Le but sacré de notre vie
C'est d'avoir d'écus d'or une masse infinie ;
C'est, avant de descendre aux lieux sombres et bas
D'où jamais l'on ne sort une fois que l'on entre,
De se mettre avec soin, en d'éternels repas,
De la graisse au visage et des replis au ventre.

IV

LE PALAIS DE LA FRANCE.

La salle est jonchée d'armes antiques et décrochées des murs. Les Nations, entourées de femmes, s'occupent à polir, l'une un casque, l'autre une lance ; la troisième passe au corps de la France une cuirasse brillante.

CHANT DES NATIONS.

Qu'il est beau le soleil,
 Quand son reflet vermeil
Vient jouer sur des armes !
Qu'une épée a de charmes,
 Quand traçant dans les airs
 De rapides éclairs,
Elle étend sur la poudre,
Comme un grand coup de foudre,

Les cimiers entr'ouverts !

France ! ta lance nette
Peut reluire au grand jour :
Maintenant qu'on apprête
Le casque, ton amour.
Qu'on le frotte et qu'on mette
Du crin rouge à l'entour,
Afin que sur ta tête,
La peur sombre et muette
Plane comme un vautour.

Vive, vive la guerre !
C'est pour la France altière
Un cri de volupté
Mille fois répété.
La guerre ! c'est pour elle
L'herbe fraîche et nouvelle
Aux oiseaux du printemps;
C'est la lice emportée
Par la fougue indomptée
Des chevaux haletants.

Ah ! si les forts savaient descendre à l'indulgence,
    Sourire aux pauvres abattus ;
Si les vainqueurs pouvaient pencher à la clémence,
    Adoucir les maux des vaincus ;
On ne verrait jamais les victimes trompées
    Se redresser contre le fort,

Le meurtre reparaître, et dans le sang trempées,
　　Rougir les lèvres de la mort.
Mais non : comme le vin qui bout et qui fermente
　　Dans le fond du cuvier natal,
Le pouvoir grise l'homme, et sa fumée ardente
　　L'emporte à redoubler le mal ;
Et bientôt oubliant la voix de la nature,
　　Superbe, en son iniquité,
Il se croit tout permis et passe la mesure
　　Des forces de l'humanité.
Alors, quand jusqu'au ciel monte la violence,
　　Quand le mal est par trop puissant,
O justice ! il se peut que ta sainte balance
　　Se rétablisse avec le sang.

　　Comme un beau saint George, la France
　　Va mettre son casque brillant :
　　Pleine de cœur et de vaillance,
　　Elle entreprend notre défense ;
　　Et montant sur son cheval blanc,
　　Elle va percer de sa lance
　　Les enfants du mal triomphant.

　　Hydre, taureau, race infernale !
　　Leurs yeux lancent d'atroces feux,
　　Et jour et nuit sans intervalle
　　De leurs flancs sort des cris affreux.
　　L'une aux cent têtes en furie
　　Est le serpent de l'anarchie

Gonflé de souffles venimeux ;
L'autre du sang fait sa pâture
Et nage dans la fange impure,
Du despotisme abrutissant
Béhémoth lourd et mugissant.

O France ! France tutélaire,
Amazone à la lance d'or ;
Ton bras aura beaucoup à faire,
Il lui faudra plus d'un effort
Pour mettre les monstres à mort :
Mais n'importe, en avant, guerrière,
En avant ton cheval nerveux ;
En avant, il est beau sur terre
De secourir les malheureux.

LA FRANCE.

Merci, mes sœurs, merci ! mon antique cuirasse,
Grâce à votre travail, reluit comme une glace ;
Par de longs jours de paix son lustre avait pâli.

LES NATIONS.

Le voilà revenu ; voyez, quel beau poli !
Comme elle vous sied bien ! quelle grâce parfaite !

Pot-de-Vin entre.

LA FRANCE.

Pot-de-Vin !... Vous ici, seigneur ! à ma toilette
Venez-vous assister ?

POT-DE-VIN.

Je viens à deux genoux

Vous prier de jeter ces armes loin de vous.

LA FRANCE.

Êtes-vous insensé ?

POT-DE-VIN.

Non, mais je veux encore
Sauver votre candeur du péril qu'elle ignore ;
Je veux faire entrevoir à vos yeux éperdus
L'abîme au bord duquel vos pas sont suspendus.

LES NATIONS.

Ma sœur, n'écoutez pas ! cet homme vous abuse...

LA FRANCE.

Mes sœurs, ne craignez rien ; s'il cache quelque ruse,
Je le verrai...

POT-DE-VIN

Pardonne, ô reine ; mais la Paix,
La douce Paix approuve ici ce que je fais ;
Et c'est elle qui veut par mes lèvres sensées
Dans la droite raison remettre tes pensées,
Et détacher enfin le bandeau spécieux
Que de perfides mains ont posé sur tes yeux.

LA FRANCE.

Que voulez-vous ? parlez !

POT-DE-VIN.

O déesse intrépide,
Tu te trompes, crois-moi, sur l'instinct qui te guide !
Tu t'armes pour la guérre, et la guerre vraiment

N'est pas dans le désir de ton peuple opulent.
Je viens de parcourir ton immense domaine;
Eh bien, de la Bretagne aux champs de la Lorraine
Les clameurs de tes fils en concerts inégaux
Ne demandent partout que bien-être et repos.
Oui, j'ai prêté l'oreille aux bruits de l'industrie,
Et de ses ateliers voilà ce qu'elle crie :
Ah! si la France encor se remet à courir,
A batailler sans fin, je n'ai plus qu'à mourir;
Et mes sucres blanchis, et mes étoffes fines,
Mes tapis somptueux, mes ardentes machines,
Les trésors infinis de mes vastes travaux,
Tout ira profiter à d'habiles rivaux;
C'en est fait de ma vie, et ma gloire est perdue;
Et l'affreuse misère en place descendue,
Comme une maigre louve aux abois effrayants,
Reviendra s'attacher à mes malheureux flancs.
France! entends l'industrie et sa voix qui me glace :
Par tes sacrés genoux que j'étreins et j'embrasse,
Ne t'abandonne pas à des élans de cœur
Qui te reporteraient aux jours de la terreur :
Dépose ton épée et ta brillante armure,
Et reprends du plaisir la divine parure.
Ah! si tu peux céder à mon engagement,
Je te promets l'azur d'un avenir charmant.
Je soufflerai dans l'air de douces influences;
Je remplirai les cœurs du feu des jouissances;
J'embaumerai de fleurs les murs de ton palais;
Et dans des lacs dorés, de splendides filets,

J'aurai soin d'enfermer le mufle de la presse
Pour qu'aucun de ses cris ne trouble ton ivresse.

L'ITALIE.

O France, je comprends où tendent ces discours ;
De tes nobles ardeurs on veut rompre le cours,
T'effrayer du chemin où ton grand cœur t'entraîne,
Et faire chanceler ta volonté certaine.
O France ! s'il est bon qu'au sein de tes cités
L'industrie apparaisse en toutes ses beautés,
Et tienne constamment le travail en haleine,
Il ne faut pas non plus qu'elle soit souveraine,
Car l'homme ne vit pas uniquement de pain,
Il vit de sentiment et son cœur en a faim.
C'est pourquoi tu ne peux borner ta noble vie
Aux faciles travaux de l'active industrie,
Et passer tes beaux jours dans la satiété
Du luxe des habits et de la volupté.
A chaque nation Dieu donna son affaire,
A l'une l'idéal, à l'autre la matière.
Or, ta gloire n'est pas la gloire d'Albion,
Celle de fabriquer du fer ou du coton,
Et d'en voir à longs flots les villes inondées ;
Ta gloire est d'opérer sur les grandes idées,
De les tirer du sein qui les porte et nourrit,
De les élaborer au feu de ton esprit
Comme au feu clair et vif d'une fournaise ardente,
D'en forger une cotte à la maille brillante,
Et d'en couvrir les reins du globe gémissant

Au prix de ton bien-être et même de ton sang.

POT-DE-VIN.

Princesse! se peut-il que des billevesées,
Des phrases de journaux, absorbent tes pensées!
Se peut-il pour des mots débités de travers
Que tu songes encore à troubler l'univers!

L'ESPAGNE.

Ma sœur, laisse parler ce ricaneur immonde.
Va, ta forte nature est de courir le monde
Pour y planter partout l'arbre tant souhaité,
L'arbre divin du droit et de la liberté.
Le ciel ne te créa que pour rendre service
A tout ce qui pâtit sous la dure injustice,
Et que pour soulager les pauvres nations
Fléchissant sous le poids de leurs oppressions.
Songe, songe, ma sœur, que tu fus la première
A dérouler dans l'air une sainte bannière,
Et traînant sur tes pas un immense troupeau,
A conquérir du Christ l'ineffable tombeau.
Tu ne décherras point de ton antique gloire;
Tu ne peux fermer là ta magnifique histoire;
Et tu feras encor pour notre humanité
Ce que tu fis jadis pour la divinité.

POT-DE-VIN.

Stupide illusion, misérable folie!
Rêves creux et malsains d'une tête affaiblie!
Belle France, crois-moi, reviens au sens commun·

Ta véritable affaire est de laisser chacun
Agir comme il lui plaît. Du jour où le tonnerre
Eut brûlé de ses traits l'aigle franc dans son aire,
La Paix, mettant un terme aux dévastations,
Ordonna pour toujours le champ des nations.
Des États de l'Europe elle a fait les limites.
Par ses divines mains leurs bornes sont prescrites :
C'est être criminel, c'est violer les droits,
Que d'aller à cette heure au rebours de ses lois.

LA POLOGNE.

Ne dites point la Paix; la Paix n'est pas coupable
De pareils attentats et d'un forfait semblable;
Mais dites la Victoire au cœur ambitieux,
La Victoire cruelle et sans pitié pour ceux
Qu'elle vit à ses pieds : nos maux sont son ouvrage.
C'est elle qui, réglant cet infâme partage,
Dans la cité de Vienne, au congrès de vingt rois,
Viola la nature et renversa ses lois;
C'est elle qui, voulant abondamment repaître
Les vainqueurs du lion qu'on faisait disparaître,
A chacun leur jeta, comme un morceau de chair,
Des portions de terre et des îles de mer;
A la voracité de l'aigle autrichienne
Tes membres palpitants, ô belle Italienne!
A l'aigle noir de Prusse, avide de butin,
Les moines de Cologne et les enfants du Rhin;
Le léopard anglais eut pour sa proie inique
Tous les puissants écueils qui peuplent l'Atlantique;

Le lion de Hollande eut aussi dans son lot
Le droit d'ouvrir la gueule en travers de l'Escaut;
Et moi, plus misérable, hélas! que Prométhée
Livrant son large foie à la serre indomptée
D'un atroce vautour; moi, Pologne aux yeux bleus,
J'en ai dû porter trois à mon flanc généreux.
Partout, enfin, partout, la Victoire traîtresse
A sous le pied du fort abattu la faiblesse,
Et lié rudement par un infernal tour
Le loup à la brebis, la colombe à l'autour.
Ah! si l'aimable Paix eût été consultée,
Elle eût travaillé mieux pour l'Europe attristée;
Elle eût anéanti les discords douloureux :
Car, remettant partout les peuples malheureux
Dans le sens primitif de leur pleine nature,
Au droit elle eût rendu sa lumière si pure.

POT-DE-VIN.

Quand le faible du fort a subi les décrets,
Il faut qu'il se soumette et respecte les faits.

LES NATIONS.

C'est la peur qui le dit. — Mais le droit inflexible
N'en subsiste pas moins, il est imprescriptible.
Ni le fer, ni l'airain, ni le feu destructeur,
Ne peuvent d'un atome altérer sa vigueur.
Fût-il chargé de fers et relégué dans l'ombre
De vingt siècles d'oubli; comme un prisonnier sombre,
Eût-il par-dessus lui tout l'Olympe et l'Ossa;

Fût-il, comme Encelade, enfoui sous l'Etna,
Il respire toujours ; plein de vie et d'haleine,
Il peut briser d'un bond l'obstacle qui le gêne,
Il peut se relever puissant et radieux ;
Car il est immortel, il est enfant des cieux.

LA FRANCE, <small>tout exaltée.</small>

Oui, le droit est divin, sublime, impérissable ;
Et bien que trop souvent sur la terre coupable
Il soit vaincu du fait, injuste souverain,
Il se redressera ; car dans le genre humain
Il est toujours pour lui quelque élan magnanime...

POT-DE-VIN.

Eh bien ! France, suis donc le transport qui t'anime.
Pour secourir tes sœurs laisse là les discours ;
Quitte tes beaux jardins, tes palais aux cent cours ;
A cheval, lance-toi sur les pas de la guerre.
Tu ne seras pas longue, ô grande aventurière !
A ressentir l'effet de ton aveuglement.
Pour moi, je ne veux plus t'arrêter un moment ;
Comme un vaincu je ploie et je cède la place.

LA FRANCE.

C'est bien, car la parole et m'ennuie et me glace.
A l'action ! ma lance aux reflets jaillissants,
Mon casque au cimier rouge et mon glaive... Je sens
Bouillonner dans mon sein les chaleurs belliqueuses ;
J'entends sonner dehors les voix tumultueuses

Des clairons, et ma bouche entonne la chanson
Qui donne la victoire et qui vaut du canon :

   Allons, enfants de la patrie,
   Le jour de gloire est arrivé.

      VOIX AU DEHORS.

Contre nous de la tyrannie
L'étendard sanglant est levé....

     LA FRANCE, étonnée.

Déjà l'on me répond !

      POT-DE-VIN.

         Oui, le peuple répète
Tes chants; tout est sans voix quand ta voix est muette,
O France ! mais du jour où la moindre clameur
S'épanche de ta lèvre, une vaste rumeur
S'empare de l'empire, et comme une grande onde,
Émeut le peuple entier dans sa masse profonde.

<small>On entend des coups de fusil.</small>

      LA FRANCE.

Quoi ! déjà la bataille avant de faire un pas !

<small>Un garde tout effaré se précipite dans la salle.</small>

      LE GARDE.

France !

      LA FRANCE.

Que voulez-vous ?

LE GARDE.

Reine, n'avancez pas.
Tout au fond du palais rentrez, je vous en prie !

LA FRANCE.

Explique ta pâleur ?

LE GARDE.

Un monstre, une furie,
Méprisant le rempart de nos mousquets serrés,
De ton noble palais a franchi les degrés.

LA FRANCE.

L'émeute encor !

LE GARDE.

Hélas !

POT-DE-VIN.

O Mammon, ô mon père !
Je reconnais ici l'empreinte salutaire
De ton bras protecteur. — Allons, vienne le sang !
Qu'il mette les désirs de la France au néant.

LE MEURTRE.

Il apparaît, traînant par les cheveux deux cadavres.

LA FRANCE.

Quelle horreur !

LES NATIONS.

Que nous veut cette figure humaine
D'où le sang chaud jaillit comme d'une fontaine,
Ce monstre de l'enfer, de carnage écumant?

LE MEURTRE.

Je suis le meurtre atroce et le père du sang.
Je viens coller ma lèvre aux lèvres de la France,
Teindre sa robe blanche en rouge de garance,
Et pour lit amoureux lui faire un matelas
Des deux corps mutilés qui pendent à mes bras.

LA FRANCE.

Arrière, loin de moi les baisers de cet être!

LE MEURTRE.

Pourquoi me repousser? tu dois me reconnaître :
C'est moi qui, sous l'habit du terrible Danton,
Au seuil ensanglanté de plus d'une prison,
Fis travailler la mort comme un ardent manœuvre;
C'est moi qui toujours ivre, et pour achever l'œuvre,
Donnai, rude jouteur, le signal des combats,
En jetant une tête aux pieds des potentats;
Moi qui fis ruisseler d'une pique brutale
Les longs cheveux épars de la blonde Lamballe.

LES NATIONS.

Quels discours! Dieu! le front de la reine pâlit.

LE MEURTRE.

Allons, ma belle France, offre-moi donc ton lit!
Jadis, tu n'étais point pour moi si dédaigneuse;
De mes mâles beautés autrefois amoureuse,
L'haleine entrecoupée et les seins haletants,
Au milieu des combats tu me suivis vingt ans.
Il est vrai que j'avais sur le dos un costume
Plus convenable alors : je portais une plume
Au chapeau, des rubans qui me servaient de fard,
Et les peuples tremblants m'appelaient tous César.

LES NATIONS.

Ah! le corps de la France et frissonne et chancelle.

LE MEURTRE.

Aujourd'hui me voilà, souveraine immortelle,
Me voilà devant toi de nouveau revenu,
Non plus chamarré d'or, mais le corps demi-nu,
Comme l'on est aux lieux où la sauvagerie
Dans les plaisirs du sang plonge et vautre sa vie;
Où, le scalpel en main, la ruse dans les yeux,
L'homme bondit sur l'homme, et chacal furieux,
Sans la moindre pitié l'immole et le dépèce.....

LES NATIONS.

Assez, assez d'horreur et de scélératesse!

LE MEURTRE.

Assez d'horreur! vraiment! lorsque son cri guerrier

Met le glaive à la main d'un peuple tout entier,
Que le salpêtre en feu jette une clarté vive,
On ne veut pas soudain que près d'elle j'arrive.
O vous dont les transports et les cris alarmants
Tâchent de la ravir à mes embrassements,
Retirez-vous! il faut que la guerrière voie
Tout ce que ma nature et comporte et déploie
De fléaux désolants et de destructions;
il faut que j'apparaisse avec tous mes rayons.
A moi, sombre pillage à la mine rapace!
A moi, viol infâme à la lèvre salace,
A moi, pâle famine à l'affreuse maigreur,
Et toi, vif incendie, implacable fureur,
Viens, les bras allumés, plus rouge que l'aurore,
Mugir à mes côtés, et comme le centaure
Broyer dans ta colère et tes bonds éclatants
Les chefs-d'œuvre de l'homme et les travaux du temps!

POT-DE-VIN.

Bravo, Meurtre!

<small>Une foule de monstres sortent de terre et se rangent autour du Meurtre.</small>

LA FRANCE.

Ah! l'enfer est-il tout à ma porte!
Cette apparition pour mon âme est trop forte.

LES NATIONS.

O France, remets-toi, ne ferme pas les yeux;
Ces monstres pleins de rage et de sang écumeux
Ne sont pas les vrais fils de la puissante guerre.

Des viles passions c'est le fruit délétère,
Une œuvre d'ignorance et de brutalité,
Le reste venimeux du pouvoir effronté
Qui, passant sur ton sol comme un bouillant orage
Y sema quelque temps la mort et le ravage.
Aujourd'hui, cette troupe a beau surgir encor
Et jusqu'en ton palais prendre son noir essor,
Elle ne donne plus de sérieuse crainte.
Gourmande-la sans peur; à ta parole sainte
Elle partira toute : un mouvement de bras,
Un seul coup de ta lance, et les monstres à bas
Fuiront comme un essaim que le vent du nord chasse.

LA FRANCE.

Hélas! la voix me manque et la terreur me glace.

LES NATIONS.

O France, du courage; il y va, chère sœur,
Pour nous de l'existence et pour toi de l'honneur.

LA FRANCE.

Je ne puis.....

Les nations se jettent à ses genoux.

L'ITALIE.

Souviens-toi que je fus ta nourrice,
Celle qui, tout enfant, te prit avec délice
Sur ses genoux divins, et comme un doux nectar
Te versa le lait pur du savoir et de l'art.

L'ESPAGNE.

Moi, du sabre ottoman, de la fureur païenne,
J'ai sauvé les trésors de ta gorge chrétienne.

LA POLOGNE.

Et moi, naguère encor, lorsque le Tsar altier,
Plein de colère au bruit de ton réveil guerrier,
Voulut porter la main sur ta sainte personne,
Pour garantir l'honneur de ta jeune couronne,
Je me suis élancée au-devant de ton corps;
Et frappant Attila, lui rendant morts pour morts,
J'ai contenu l'élan de sa vaste furie
Au prix de tout mon sang et presque de ma vie.

LA FRANCE.

Hélas... hélas! mes sœurs, je n'ai rien oublié;
Mais le sang, ah! le sang! Dieu, d'elles prends pitié!
De mon corps défaillant je sens partir mon âme.

<small>La lance et le bouclier s'échappent de ses mains, et elle tombe évanouie sur les dalles.</small>

LES NATIONS.

O terrible malheur! ô faiblesse de femme!
La France évanouie et par la peur du sang
Renonce à soulager les maux de l'innocent.
Notre cause est perdue.

POT-DE-VIN.

                Et la mienne, ô mon père,
Grâce à tes soins triomphe et j'éloigne la guerre!

LES MONSTRES.

Hourra, hourra! la France est à nous désormais.

POT-DE-VIN, ramassant la lance et le bouclier de la reine.

Mes Maîtres, halte-là! ce superbe palais
N'est point fait pour tenir dans ses murs votre engeance,
Et le corps palpitant de l'adorable France
Pour servir de pâture à vos désirs brutaux :
A d'autres le butin. — O monstres infernaux,
Devant ce bouclier, Méduse dévorante,
Fuyez, et retournez dans l'ombre malfaisante
D'où vous êtes sortis pour quelques courts moments.
Rêves des jours affreux, vils épouvantements,
Disparaissez, la France aura dans sa mémoire
Longtemps le souvenir de votre image noire :
C'est assez pour toujours la tenir sous ma main.
Et vous, femmes sans nom! folles de grand chemin,
Vous qui veniez de loin gueuser son assistance,
Vous dont la plainte amère et la sombre éloquence
Voulaient rompre soudain, comme le glaive aigu,
Des trames de vingt ans le solide tissu;
Méchantes nations, perfides étrangères,
Regagnez promptement vos villes et vos terres :
Vous savez maintenant que votre espoir est mort,
Quel est ici le maître, et de nous le plus fort?

Il chasse les nations.

L'ITALIE, L'ESPAGNE ET LA POLOGNE.

C'en est fait, c'en est fait; la plainte est inutile!

Avec un imposteur en ruses si fertile
A quoi bon se remettre à gémir et pleurer :
Le plus digne et le mieux, c'est de nous retirer.
O vieille renommée, éternelle crieuse,
Que le vrai siégeait bien sur ta lèvre poudreuse!
Que sage il eût été de ne pas courir voir
Le spectacle qui vient, trop éclatant miroir,
De nous montrer en plein la honte de la France!
Une douleur profonde, une vive souffrance,
N'auraient point de nouveau glacé nos tristes cœurs,
Et tiré de nos yeux de longs ruisseaux de pleurs.
Hélas! le sang en vain t'effraie et te dégoûte,
O France, vers le sang il est plus d'une route :
Le vent humide et mou de la corruption
Y conduit aussi droit que l'instinct du lion;
L'abus de la science et la voix des faux sages
Autant que l'ignorance et ses transports sauvages;
L'amour sans frein du luxe et de la volupté
Et le feu dévorant de la cupidité,
Sont les vifs aiguillons de toute violence.
Puisses-tu, triste mère, ô malheureuse France!
Ne point voir quelque jour tes enfants corrompus,
Gorgés d'or et d'argent, et de plaisir repus,
Finir comme les Grecs, enfants du Bas-Empire!
Puisses-tu ne point voir tes peuples en délire,
A force de sophisme et de relâchements,
Perdre le goût du bien et des beaux sentiments,
Se plonger dans la fange, et sous mille bannières
Se livrer pour de l'or d'épouvantables guerres,

Jusqu'à ce que le bras d'un Tartare grossier
Vienne honteusement de son fouet les châtier!
Allons, pauvres enfants, aux voix inentendues,
Éloignons de ces lieux nos faces éperdues,
Regagnons tristement nos pays désolés,
Allons remettre au joug nos fronts échevelés,
Reprendre nos douleurs! Ah! si dans sa justice
L'Éternel a voulu, pour quelque énorme vice,
Que nos corps desséchés comme l'herbe des champs
Disparaissent bientôt du monde des vivants;
Si de la Liberté les haleines divines
Ne doivent plus rentrer dans nos faibles poitrines;
S'il faut mourir enfin, résignons-nous, mes sœurs,
Et demandons à Dieu pour uniques faveurs,
D'abréger les instants de notre dur martyre :
Qu'il hâte cette fin où notre cœur aspire;
Que sa main nous enlève à la terre et ses maux,
Et dans son vaste sein nous donne le repos!

CHANTS

CIVILS ET RELIGIEUX

1842

A LA MÉMOIRE

DE MA MÈRE

Aut prodesse volunt aut delectare poetæ.
HORACE.

Il nous a paru bon, dans une suite de pièces de vers, de peindre le tableau de la cité humaine, et, en la reliant à Dieu, de rappeler le magnifique symbole du père des poëtes, cette chaîne d'or merveilleuse qui attachait la terre au ciel. Ce n'est point à l'homme isolé que nous avons parlé, mais à l'homme en rapport avec ses semblables, au citoyen. Nous avons espéré que cette vue d'ensemble, le pénétrant d'un sentiment religieux pour lui-même, pour les choses qui l'entourent et pour les lois qui le gouvernent, élèverait sa pensée, diminuerait ses passions mauvaises, et lui ferait mieux comprendre son rôle et le but de son rôle en ce monde. Voilà les motifs pour lesquels nous avons donné à nos vers le titre de *Chants civils et religieux*.

Déjà, bien avant nous, le célèbre Ronsard avait composé un recueil d'hymnes à l'instar des anciens. Il les avait consacrés à l'éloge des rois et des saints, de la nature, de la morale et de la philosophie. Ils sont écrits, tantôt en vers alexandrins, tantôt en vers de courte mesure, comme ceux de ses odes. André Chénier aussi a laissé plusieurs hymnes d'un beau sentiment patriotique. Nous avons suivi l'exemple de ces deux illustres poëtes dans leur pensée d'imitation et dans leur forme. Seulement nous avons donné à nos vers un sens plus général et plus conforme à notre conception de l'ordre naturel et social. Il était de notre devoir d'indiquer nos modèles, mais il était nécessaire aussi de marquer la différence entre leur œuvre et la nôtre.

INVOCATION

Il ne faut pas s'emplir la bouche et la poitrine
        Uniquement d'air pur,
Mais il faut aspirer aussi l'âme divine
Qui régit tous les corps parsemés dans l'azur.

C'est par un nœud divin que se tiennent les choses,
C'est par un joint sacré que les effets aux causes
        Se rattachent dans l'univers,
Et forment un grand tout des éléments divers.

Le monde est contenu dans le sein d'un seul être
Qui de tous les côtés l'anime et le pénètre :
        Dans la nature et dans l'humanité,
A travers l'infini des soleils et des ombres,

Dieu filtre et se déroule, ainsi que l'unité
    Se développe dans les nombres.

    Ah ! qu'il respire dans mes chants
Comme il respire au sein de l'aveugle matière ;
Que son souffle immortel anime mes accents
Comme il échauffe aux cieux les globes de lumière !

    Qu'il donne à mes élans pieux
La beauté qui réside en son plus mince ouvrage ;
Et que son nom sacré, traversant chaque page,
Porte dans tous les cœurs l'émoi religieux !

I.

HYMNE A LA TERRE.

Lorsque l'homme animé d'une haleine immortelle
S'élança tout vivant du vaste sein de Dieu,
L'objet qui le premier frappa son œil en feu
Fut le corps ravissant de la jeune Cybèle.
Le soleil sur son front aimait à resplendir,
Les vents harmonieux baisaient sa chevelure,
Et sa gorge embaumée était si blanche et pure,
Que sentant naître en soi l'amoureuse nature,
L'homme ouvrit les deux bras et voulut la saisir.

Mais elle recula devant l'étreinte avide,
Et, comme en un désert, à l'aspect du chasseur,
L'antilope à l'œil bleu s'enfuit d'un pied rapide,
Elle perça des airs l'humide profondeur.
Et la voilà courant, bondissant dans l'espace,
Laissant ses longs cheveux ondoyer follement,
Présentant au soleil ses deux seins pleins de grâce,
Et découvrant à l'homme emporté sur sa trace
De sublimes beautés à chaque mouvement.

« Arrête, arrête-toi, divine créature !
Et tourne sur mes yeux tes yeux calmes et doux ;
Comme toi, je suis fils de la sainte nature,
Je porte le nom d'homme et je suis ton époux.
Dieu nous fit l'un pour l'autre, ô Vierge vagabonde !
L'un par l'autre il voulut que nous fussions heureux ;
Livre-moi donc sans peur ta poitrine féconde,
Nous n'aurons pour témoins de notre amour, au monde,
Que la voûte du ciel et les astres nombreux. »

Elle n'écoutait rien, et la parole humaine
Tombait dans l'univers comme un bruit sans échos,
Et bondissant toujours et sans reprendre haleine,
Elle frappait les airs de ses pieds inégaux.
Cependant l'homme ardent, toujours à sa poursuite,
Redoublait ses efforts comme un coursier sans frein :
Déjà sur son épaule il étendait la main,
Quand, toute haletante et lasse de sa fuite,
Elle se transforma d'un mouvement soudain.

L'homme alors à ses pieds vit s'ouvrir et s'étendre
Les cercles ténébreux d'un abîme sans fond,
Un gouffre tout chargé de fumée et de cendre
Au sein duquel roulait un bruit sourd et profond :
Là, l'éclair entr'ouvrit son aile flamboyante,
Le tonnerre gonfla sa voix rauque et bruyante,
Et des blocs de granit montèrent dans les airs ;
Le soleil s'éteignit : les cieux furent couverts
Des ruisseaux empourprés d'une lave bouillante.

A ce grand changement l'intrépide coureur
Se sentit pénétré d'une sainte terreur.
Une sueur glacée inonda son visage,
Il frémit, et de l'air le précieux passage
Dans sa gorge un moment par l'effroi fut coupé.
Trois fois il s'approcha du volcan escarpé,
Trois fois il recula ; puis reprenant courage,
Il s'élança d'un bond au travers de l'orage,
Pour ressaisir encor le fantôme échappé.

Vain effort! le volcan n'était plus ; à sa place,
Les flots impétueux d'un océan sans fin
Lançaient leur blonde écume au firmament divin,
Et reflétaient les cieux dans leur claire surface.
Les vents s'y promenaient en troupeaux mugissants ;
Et leurs pieds vagabonds creusant mainte crevasse,
Laissaient voir au soleil, joyeux et bondissants,
Sous les plis onduleux de la liquide masse,
Resplendir les reins d'or de cent monstres puissants.

« O trompeuse déesse! ô femme, tu m'abuses!
Cria-t-il à l'aspect du nouvel élément;
Mais malgré tes détours et tes nombreuses ruses,
Tu ne peux échapper à ton mortel amant.
Tu te caches en vain sous une mer profonde :
Ah! sous le voile épais de ton vêtement bleu,
Je suivrai jusqu'au bout les volontés de Dieu;
Et pour te posséder, je traverserai l'onde
Comme j'ai traversé les abîmes du feu. »

Il dit, et par les airs laissant rouler sa plainte,
Dans la mer mugissante il se plonge sans crainte,
Et bat de ses deux mains les flots tumultueux ;
Mais sous ses membres nus les vagues se durcissent,
Leurs sommets blanchissants en longs poils se hérissent,
L'océan prend un corps, un corps fauve et hideux :
Ce n'est plus une mer qui fume et qui bouillonne,
C'est un fier animal, une ardente lionne
Qui, le poitrail au vent, pousse des cris affreux.

O merveilleux effet de la force divine
Que l'homme, enfant du ciel, portait en sa poitrine!
O sentiment du droit, ô pouvoir du cerveau!
L'homme semblait une ombre, une vaine apparence,
Le monstre était énorme, et sous sa large peau
Hurlait et bondissait en signe de défense ;
Et malgré son néant, l'homme ne craignit pas
D'affronter l'animal et, sublime imprudence,
De le combattre, seul, armé de ses deux bras.

La lutte fut terrible et de longue durée ;
Chacun y déploya la vigueur de son corps,
Tout ce qu'en le formant la puissance sacrée
Mit dans ses reins charnus d'élastiques ressorts.
Mais, hélas ! dans les nœuds de l'étreinte serrée,
L'homme plus d'une fois sentit l'ongle pesant
Labourer le tissu de sa chair déchirée ;
Plus d'une fois, hélas ! les gouttes de son sang
En longs et noirs sillons tachèrent l'empyrée.

Enfin le monstre cède : et combattant heureux,
L'homme nouant sur lui ses bras comme une chaîne
Lui fait, gueule béante et poumon sans haleine,
Étendre comme un mort ses membres vigoureux.
Alors, près d'exhaler son âme redoutable,
L'animal frappe l'air d'un soupir lamentable,
Et tellement plaintif, que le victorieux
Entr'ouvre ses deux bras ; et Cybèle expirante
Se déroule à ses pieds vaincue et palpitante.

O Terre aux larges flancs ! ô Terre au vaste sein !
D'où le ciel étoilé voit d'un regard serein,
Ainsi que le lait pur d'une mamelle immense,
Couler en mille jets le flot de l'existence !
O Terre magnifique ! ô Terre au vaste sein !
L'homme a fait ta conquête, il est ton souverain,
Ton légitime époux, ton vainqueur et ton maître !
Et tout ce que de beau peut renfermer ton être,
Tout ce que ton grand corps, dans ses flancs spacieux,

Enserre obscurément de muscles radieux,
De longues fibres d'or, de veines de porphyre ;
Et tout ce que ta face, en son charmant sourire
Épanouit au ciel de grâce et de fraîcheurs,
Tes légers animaux, tes ondes et tes fleurs,
Tout appartient à l'homme et forme son empire.
Il est vrai que celui par lequel tout respire,
Et qui dans chaque chose infusa la douleur,
Voulut que l'amoureux de ta jeune splendeur,
L'homme attendît longtemps le jour de la défaite,
Et payât chèrement sa première conquête.
Hélas ! ce n'est qu'au prix de son sang répandu,
Des brûlantes sueurs de son travail ardu,
D'un combat acharné, d'une lutte infernale,
Qu'il a vu s'incliner ta fierté virginale ;
Mais, amante superbe, il te possède enfin :
Ses bras en te domptant touchent au but divin.
O Terre ! maintenant ne sois pas inhumaine ;
Pour faire à ton vainqueur oublier toute peine,
De germes plus féconds emplis tes larges flancs ;
Et donne-lui sans peur d'innombrables enfants.
Que ton corps de granit, dans toute sa courbure,
Se couvre d'un manteau d'éternelle verdure ;
Que les vents printaniers, les humides zéphyrs,
Aiguillonnent en lui les amoureux désirs ;
Et que le prince ardent des voûtes éthérées,
Pénétrant de ses feux tes entrailles sacrées,
Nourrisse abondamment en ton sein producteur
Les germes déposés par cet heureux vainqueur.

O Cybèle féconde, enfante sans relâche,
Et, joyeuse, toujours recommence ta tâche.
Pour ton royal époux ne te repose pas ;
Sous tous les points du ciel, et dans tous les climats,
Comble-le des trésors de ta riche nature :
Puisse-t-il à son tour ne point te faire injure,
Et comme un cœur lassé des plus nobles attraits,
Puisse-t-il ne jamais payer tant de bienfaits
Par l'orgueilleux dédain de tes grâces sublimes,
Par le lâche abandon de tes flancs magnanimes,
Et surtout par l'oubli du monarque puissant
Qui vous tira tous deux des ombres du néant.

II.

HYMNE AU SOLEIL.

Salut, trois fois salut, puissant globe de feu
Qui donnes aux mortels la lumière et la vie ;
Image la plus belle et la plus infinie
   De la gloire de Dieu,

O grand astre, salut ! Nulle fête pompeuse
Ne se peut comparer au spectacle divin
Que, sans jamais vieillir, ta face radieuse
   Nous déroule chaque matin.

Aussitôt que l'aube vermeille
Du souverain des airs annonce le retour,
Par les bois, et les monts, et les mers, tout s'éveille :
Et la terre frissonne aux approches du jour.

Et le prince apparaît : d'abord son diadème
Et ses rayons empreints d'une molle pâleur,
Puis le sommet du front et la face elle-même
    Dans toute sa splendeur.

Et le voilà qui monte et qui toujours s'avance,
Plus rouge qu'une meule au sortir du brasier,
Semant l'âme et la vie avec magnificence
Aux moindres éléments de l'univers entier.

Le voilà, du plus haut de la voûte profonde,
Comme un jeune chasseur qui prend son large essor,
Perçant l'air et les bois, les montagnes et l'onde
    De milles flèches d'or.

Et voilà qu'à l'instant mille bruits retentissent
    Au sein des airs, des plaines et des bois ;
Tous les êtres vivants dans un concert unissent
Leurs sifflements, leurs cris, leurs plaintes et leurs voix.

Et des seins haletants, des humides poitrines,
    S'épanche une ardente clameur,
Un torrent de soupirs et de notes divines
Qui rejaillit au ciel en hymne de bonheur ;

Et le ciel est un temple à la voûte sonore,
Où, devant le soleil comme un autel en feu,
La terre palpitante au souffle de l'aurore
  Bénit les bienfaits de son Dieu.

O spectacle sublime ! ô scène magnifique
Inconnue aux enfants de la triste cité,
Et que l'herbe des monts et le chaume rustique
Contemplent tous les jours dans leur humilité !

O concert merveilleux ! ô vaste symphonie,
Où le moindre habitant de la terre et du ciel,
La mouche ou le ciron, a sa part d'harmonie
Et son rôle marqué dans l'hymne universel !

Heureux l'homme qui peut aussi bien que la plante,
Que la vague des mers et l'oiseau des vallons,
Saluer le retour de l'aube rougissante,
Et chanter le soleil et ses premiers rayons !

Heureux l'homme qui peut à cette source immense
Retremper son courage et puiser de l'espoir,
Pour porter plus gaîment le faix de l'existence,
Et marcher sans fléchir jusqu'au tomber du soir !

Heureux surtout celui que nul remords n'altère,
Et qui peut s'écrier dans un pieux émoi :
O globe éblouissant, ô soleil de la terre,
  Mon cœur est aussi pur que toi !

III.

HYMNE A LA NUIT.

O Nuit! que de choses sublimes,
Éclatent sur ton large sein,
Et comme Dieu pare tes cimes
Dans un admirable dessein!
Souvent le jour, l'orbe solaire
De clartés remplit trop nos yeux :
Il nous fait trop briller la terre,
Toi, tu ne montres que les cieux.
La nuit, l'infinité des mondes
Dévoile toutes ses splendeurs;
La nuit, les étoiles profondes
Germent aux cieux comme des fleurs;
La nuit, le ciel est un parterre
Où mille lis éblouissants
Au souffle des vents caressants
Meuvent leurs tiges de lumière.
Là, dans un calme tout divin,
Tandis que, comme des abeilles,
On voit maintes lueurs vermeilles
Errer au céleste jardin,
Au travers de la sombre plaine,
D'autres lueurs au doux reflet

Épanchent leur onde sereine
Comme un brillant fleuve de lait.
Mais bientôt l'horizon immense
Laisse poindre une autre clarté :
Voici la lune qui s'avance,
La lune au beau front argenté.
D'abord, elle rase la terre,
Elle flotte au sein des vapeurs,
Puis, tournant son vol solitaire
Vers les scintillantes hauteurs,
Ainsi qu'une vierge rêveuse
Qui cherche de paisibles lieux,
Elle monte au plus haut des cieux
Fouler l'arène lumineuse.
Devant ses divines beautés
Fuyez, fuyez, chastes étoiles ;
Au fond du ciel, sous d'épais voiles,
Cachez vos modestes clartés !
Qui pourrait disputer l'empire
A cette reine de l'azur ?
Quel diamant est assez pur
Pour oser près d'elle reluire ?
Un jour tendre et mystérieux,
Qui n'est ni trop vif ni trop pâle,
De son front plus blanc que l'opale
Tombe et remplit les vastes cieux ;
Et la terre au loin sommeillante
Sous son regard limpide et blanc,
Repose en paix comme un enfant

Sous les yeux d'une sœur aimante.
Quel doux éclat, quel feu charmant!
Bien que l'âme de notre monde,
Le soleil à la tête blonde,
Ait déserté le firmament;
Que loin de lui la terre nage
Dans les flots de l'obscurité,
La douce lune au blanc visage
Nous rappelle encor sa beauté.
Oui, son beau disque nous retrace
Les lueurs de l'astre enflammé,
Comme une amoureuse avec grâce
Porte en son cœur l'objet aimé.
Et moi, dont le regard contemple
La sublime et sainte pâleur,
Moi, qui voudrais à son exemple
Tenir un peu du grand moteur,
Je dis : Mon âme, fais comme elle,
Sois le reflet harmonieux
De cette splendeur éternelle
Qui reluit par-delà les cieux.

IV.

HYMNE A LA MER.

Chantons les vastes flots! tous les bardes du monde
    Ont chanté les flots gracieux ;

Car c'est du sein mouvant de la vague profonde
Que sort chaque matin leur prince radieux,
Lorsque, jetant aux vents sa chevelure blonde,
Ses coursiers aux pieds d'or l'emportent dans les cieux.

Chantons les vastes flots ! leur cristal magnifique,
    Leur cristal pur est le miroir
Où, depuis le repos de la nature antique,
Le sublime Uranus aime le mieux se voir,
Et dans lequel le Dieu terrible ou pacifique
Peint son regard d'azur ou son grand sourcil noir.

Chantons les vastes flots ! c'est l'éternelle image
    De la céleste liberté.
Ils viennent d'aussi loin que l'aigle ou le nuage,
Ils s'en vont aussi loin que le vent indompté ;
Et rien ne les enchaîne en leur course sauvage,
Sur le vert océan, immense, illimité.

Chantons les vastes flots ! au lieu d'amollir l'âme,
    Ils la retrempent dans leur sel.
Le cœur lavé par eux ne garde rien d'infâme,
Il a la pureté du cristal immortel ;
Le danger met dans l'homme une divine flamme,
Le rend brave et meilleur, et le ramène au ciel.

Chantons les vastes flots ! leur abîme sonore
    Retient captifs tous ses échos.
Nul secret de leur sein jamais ne s'évapore ;

On peut leur confier ses chagrins et ses maux,
Dire le nom qu'on hait et celui qu'on adore,
Sans que nul vous trahisse : — aimons, chantons les flots.

Oui, tous, chantons les flots! des plaines ondoyantes
    L'amour est sorti glorieux.
L'Éternel, en créant les vagues verdoyantes,
En fit une ceinture au globe montueux,
Non point pour séparer les nations distantes,
Mais pour unir la terre et les hommes entr'eux.

v.

HYMNE AUX MONTAGNES.

Le ciel a ses splendeurs et ses gloires sans nombre,
Son jour éblouissant et sa grande nuit sombre ;
L'océan son écume et ses fortes rumeurs,
Et la terre, ses monts aux sublimes fraîcheurs.
Les monts, les nobles monts ! ah ! ces masses tranquilles
Valent bien que parfois l'homme sorte des villes,
Pour reposer son œil sur leurs flancs spacieux,
Et pour qu'en les voyant escalader les cieux,
D'un semblable désir il se prenne et s'enflamme,
Et son corps s'élevant, s'élève aussi son âme.

C'est au faîte des monts que les rois des forêts,

Les sapins ténébreux et les cèdres épais,
Comme font les vautours avec leur grande serre,
Enfoncent bien avant leurs racines en terre ;
Tandis que leurs fronts noirs, d'un élan mutuel
S'élancent hardiment à la voûte du ciel,
Sans crainte que la serpe ou que la hache humaine
Ose déshonorer leur parure hautaine.
C'est au faîte des monts que les enfants de l'air,
Les nuages semés dans les champs de l'éther
Viennent mettre au repos leurs légions flottantes ;
C'est là que renversant leurs urnes bouillonnantes,
Au bruit tumultueux de la foudre et des vents,
A travers les rochers et les sapins mouvants,
En torrents écumeux ils font pleuvoir les ondes,
Et forment les grands lits des rivières profondes
Qui vont d'un cours paisible et d'un flot argenté,
Porter aux champs la vie et la fécondité.
C'est au faîte des monts que l'aigle est à son aise,
Et que, sans peur qu'un trait sur ses plumes ne pèse,
Dans l'azur infini nageant de tout côté,
Il élève son vol en pleine liberté.
Là, dans le cercle bleu d'un horizon immense,
La fraîche solitude et le morne silence
Lui donnent des transports aux humains inconnus ;
Les appétits grossiers ne le tourmentent plus :
Il est calme, et son œil planant sur toutes choses,
Semble aller radieux jusqu'à l'auteur des causes.
Enfin c'est sur les monts que l'on reconnaît Dieu,
C'est là qu'on trouve encor sa trace en traits de feu,

Et que, remontant vite aux premiers jours du monde,
L'esprit voit reflamber la terre vagabonde.
Quel spectacle imposant, quel aspect merveilleux,
Que tout ce vaste amas de sommets sourcilleux,
De dômes caverneux et d'aiguilles de pierre,
Les marbres, les granits, le schiste, le calcaire,
Les ossements du globe en pleine fusion,
Et l'antique matière à large et gros bouillon,
Mugissant, comme au fond d'une cuve brûlante,
S'enfle et baisse à grand bruit la poix noire et fumante,
Quel spectacle sublime, et quels enseignements!
D'abord ce n'est qu'un choc d'étranges éléments,
Un sombre pêle-mêle, une bataille impure,
Et l'élan convulsif d'une aveugle nature
Qui, pleine de ferments et de germes divers,
A besoin d'enfanter, et, de ses flancs ouverts,
Sans souci de leur but et de leurs alliances,
Pousse dans tous les sens des milliers de puissances.
D'abord de lourds essais et d'informes produits,
Des êtres ébauchés et gauchement construits,
De noirs accouplements de choses monstrueuses
Essayant d'arriver à des formes heureuses,
Et ne pouvant jamais; et les destructions
Sans cesse retombant sur les créations.
Tel dans l'antique fable était ce vieux Saturne,
Du ténébreux chaos souverain taciturne,
Saturne, destructeur de l'œuvre de ses flancs,
Émettant de son sein d'innombrables enfants,
Et toujours dévorant d'une faim infernale

Les produits imparfaits de sa flamme brutale.
Et pourtant ces élans, ces monstrueux efforts
Ne sont pas l'acte fou d'un Titan aux bras forts,
Mais l'effet d'une main intelligente et sage
Qui pour un noble but façonne un grand ouvrage.
Le feu s'est concentré : l'un sur l'autre entassés,
Les monts durcis au ciel lèvent leurs fronts glacés;
La grande eau qui couvrit quelque temps leur surface
S'évapore dans l'air, ou dans leurs creux s'amasse,
Et fait de vastes mers où mille germes chauds
Enfantent des milliers de flottants animaux.
Sur les rocs les lichens et les mousses légères
S'étendent : par-dessus s'enlacent les fougères,
Puis croissent les palmiers, les cèdres chevelus,
Et les chênes pesants aux grands rameaux tordus.
Autour des larges troncs et sous les hautes herbes,
Sonnent les anneaux d'or des reptiles superbes;
Sur ces corps imparfaits, onduleux et glissants,
S'élèvent d'autres corps plus complets, plus puissants,
L'éléphant monstrueux, l'hippopotame énorme,
L'épais rhinocéros et le bison informe,
Et tout l'ardent troupeau des agiles brouteurs,
Les chevreuils bondissants et les daims voyageurs.
Comme un soupir d'amour, un hymne de tendresse,
La verdure naissante envoie avec ivresse,
De son sein frémissant à la voûte des cieux,
Les volages oiseaux en chœur mélodieux.
Enfin, dernier produit de la féconde terre,
L'être humain apparaît, sublime mammifère!

L'homme droit comme un cèdre, et tournant vers le ciel
Les rayons enflammés d'un regard immortel ;
L'homme au front noble et haut porteur de la pensée,
L'homme dominateur de la fange insensée :
Et l'œuvre est achevée, et ce dernier chaînon
Unit le créateur à la création.
Et le plan merveilleux de l'architecte immense
Est compris par le cœur et par l'intelligence.

Oh ! que celui qui doute encor de ton pouvoir,
O mon Dieu ! que celui qui ne sait pas te voir
Dans l'ordre harmonieux de sa propre structure
Et les mille tableaux de la douce verdure ;
O mon Dieu ! que celui qui méconnaît ton bras
Au pays des sapins aille porter ses pas.
Qu'il arrive au sommet des pics les plus sauvages,
Qu'il suspende son corps au-dessus des nuages,
Et là, comme l'oiseau qui plane sur les monts,
S'il est doué d'une âme, alors, à pleins poumons,
Il chantera le Dieu de la terre et de l'onde,
Le sublime ouvrier, l'ordonnateur du monde,
Celui qui, d'une haleine et d'un clignement d'yeux,
Fait monter l'océan jusqu'au parvis des cieux,
Et sait, quand il le veut, de ses mains frémissantes
Secouer comme un van les montagnes pesantes.

VI

HYMNE A LA LIBERTÉ

Liberté, Liberté! fontaine de la vie,
Source du mouvement qui n'es jamais tarie,
Et qui coules sans fin des profondeurs du ciel,
Éther pur et sacré! la terre tout entière,
Depuis l'être penseur jusqu'au grain de poussière,
    Aspire après tes effluves de miel !

    Écoutez la rumeur bruyante,
L'éternelle rumeur de ses flancs sans repos ;
Les germes enfermés sous l'argile pesante
Percent les murs épais de leurs étroits cachots ;
Les vermisseaux captifs déchirent leurs cellules,
L'air comprimé par l'eau s'échappe en mille bulles,
La fleur de ses bourgeons coupe les verts réseaux,
Et l'animal caché sous une peau grossière
Enfonce avec le front le ventre de sa mère ;
Enfin, tout ce qui vit sur ce globe agité,
Tout tend à rejeter le tissu qui le gêne,
A déchirer son lange, à secouer sa chaîne,
Pour atteindre d'un bond et boire d'une haleine
    L'air de la Liberté.

O divin élément, ô parfum préférable
  Aux plus douces odeurs, au plus suave encens,
Parfum que de Saron la rose délectable

N'égale pas au jour des zéphyrs renaissants ;
Viens inonder la terre et, comme une onde pure,
Descends jusques au cœur de sa forte nature ;
Jamais pour recevoir l'épanchement sacré
    Son vaste sein ne fut mieux préparé.

    La grande humanité sa fille
Tout entière est debout sur ses flancs découverts,
Et comme, au temps passé, dans le sein des déserts,
Des Hébreux affamés gémissait la famille,
De même, l'œil tendu vers la voûte qui brille,
La lèvre palpitante et le regard en feu,
    Elle attend la manne de Dieu.

Ah ! du Nord au Midi, du couchant à l'aurore,
C'est toi qu'elle désire et c'est toi qu'elle implore,
C'est toi qu'elle demande à tous les vents du ciel,
C'est pour toi nuit et jour qu'elle veille et soupire,
C'est pour toi qu'elle pleure et pour toi qu'elle expire ;
    Toi, son rêve éternel !

Liberté, Liberté ! que ton souffle de flamme
Soit le souffle d'amour qui passe dans les airs,
Quand le Printemps renaît, et lorsque sa grande âme
Fait couler par torrents la neige des hivers !

Liberté, Liberté ! que ta brûlante haleine
Ressemble aux jets divins du splendide soleil,
Lorsque l'astre, montant à l'orient vermeil,

Couvre de mille fleurs la montagne et la plaine !

Que tout ce que la terre en ses flancs convulsifs
Roule de vœux ardents, d'espérances hautaines,
Que tout ce qu'elle y tient d'amours pures et vaines,
D'élancements restreints et de désirs captifs,
A ton souffle fécond, à tes chaleurs nouvelles,
Sente renaître en soi des courages plus vifs,
      Et parte avec des ailes.

Que toute créature, excepté le méchant,
Ne trouve point d'obstacle à son divin penchant,
Et selon sa nature et selon son caprice,
De cent mille façons croisse et s'épanouisse ;
Et, pareil à l'étoile ou la comète en feu
Que nulle main n'arrête à travers le ciel bleu,
Aux champs de l'infini que tout monte et jouisse
      Des ivresses de Dieu !

VII

HYMNE AU TRAVAIL

O toi qui, dès l'instant où notre divin père
Eut jeté par milliers les hommes sur la terre,
Pourchassas rudement le troupeau des humains,
Et vers le sol ingrat leur inclinas les mains ;
Toi qu'a souvent maudit la commune souffrance,
Toi qui feras longtemps soupirer notre engeance,

Travail, pesante loi, dure nécessité,
Sous ta verge de fer, sous ton bras indompté,
Tu peux courber le front des enfants de ce monde
Que tu viennes du ciel ou de l'enfer immonde,
Que tu sois du péché l'éternel châtiment,
Ou la condition même du mouvement,
Je ne chercherai pas à sonder le mystère,
Et je te reconnais, puissance salutaire !

Sans toi l'homme, ce roi de la création,
Sur les fiers éléments n'aurait point d'action.
Sans toi le globe noir, tournoyant dans l'espace,
Ne roulerait encor qu'une effroyable masse,
Une boule d'argile en proie aux végétaux,
Sur laquelle, luttant avec l'air et les eaux,
L'homme succomberait, trop faible et petit être,
Aux forces dont il est devenu le seul maître.
Mais par toi la pensée est reine, et l'univers
Est vaillamment sondé dans ses replis divers ;
La nature aime l'homme et chaque jour lui donne
Les fleurs et les fruits d'or de sa verte couronne ;
Elle fait pour sa lèvre, avec un doigt divin,
Saigner la grappe mûre et couler le bon vin ;
Elle nourrit son corps d'une substance saine,
Rend ses membres nerveux, facile son haleine,
Et fait bondir ses pas sur le sol agité,
Comme les pieds du daim par les vents emporté.
Puis c'est avec toi seul qu'au sein des grandes villes,
Le malheureux échappe aux tentations viles,

Et vers l'éternel bien suit à pas continus
Le sentier odorant des modestes vertus ;
Enfin, c'est avec toi que l'homme, sans bassesse,
Monte au faîte doré de l'heureuse richesse,
Et qu'il peut aspirer en toute sûreté
L'air puissant de la gloire et de la liberté.
Sois donc béni, Travail! à ta volonté sainte,
O Dieu! je me soumets sans regret et sans plainte ;
Et jusques au moment où la face des cieux
Sous un long crêpe noir fuira devant mes yeux ;
Jusqu'au jour où la mort me glacera la veine,
Je resterai debout, et toujours en haleine ;
Comme le bœuf rustique au robuste poitrail,
J'inclinerai mon front sous le joug du travail.

Ainsi, lorsque le jour renaît avec la brise,
Lorsque ouvrant sur les monts son aile humide et grise,
Le matin chante à l'homme et sonne aux animaux
Le moment du réveil et l'heure des travaux,
Le bœuf sort de l'étable et vient tendre la tête
Au joug accoutumé que le bouvier apprête ;
Puis le mufle en avant et les jarrets tendus,
Il entre à pas égaux dans les sillons fendus
A mesure qu'il marche et que, suivant l'ornière,
Le soc péniblement met la glèbe en poussière,
On entend l'air siffler dans le creux de ses flancs,
La bave mousse et flotte à ses naseaux brûlants,
Il sue, et l'aiguillon augmente sa souffrance :
Mais sa peine n'est point vaine et sans récompense :

Le labeur de ses pieds n'est point labeur perdu,
Car sitôt que le soir au repos l'a rendu,
Sous son mufle écumant l'onde coule plus fraîche,
L'herbe semble plus douce à sa peau rude et sèche,
Le sainfoin à sa bouche apporte plus d'odeur,
Et la terre par lui fendue avec ardeur,
Aspirant dans les airs une force nouvelle,
Regonfle son beau sein, et sa brune mamelle
Sur les doux animaux et sur l'humanité
Répandra des trésors de vie et de beauté.

VIII

HYMNE AU MARIAGE

Tout s'engendre ici-bas par un ordre fatal
    De l'élément le plus contraire :
La vie est de la mort la fille nécessaire,
Et le bien sort vivant des entrailles du mal.
Les cadavres humains enfouis dans la terre
    Font germer l'herbe de son sein ;
Le retentissement du sauvage tonnerre
Rend le fond de l'azur plus pur et plus serein ;
L'extrême peur souvent est mère du courage ;
Du despotisme naît la jeune liberté,
Et des élans impurs de la brutalité,
    La sainteté du mariage.

Ainsi, lorsque du sol les premiers habitants,

Géants à poitrines velues,
Virent d'un œil surpris passer les femmes nues
Sous les chênes épais dont ils mangeaient les glands,
Il se fit dans leur être un mouvement étrange,
    Un grand frisson s'empara d'eux,
Leur cœur battit plus fort, et, sur leur lit de fange,
Ils poussèrent au ciel des cris tumultueux.
Puis les reins échauffés de flammes inconnues,
Et quittant leur repas sous les arbres profonds,
Ils se ruèrent tous comme de forts lions
    Après les femmes éperdues.

Mais bientôt leur ardeur amena les débats
    Et la dispute meurtrière;
Vingt pour une étaient trop : soudain vole la pierre,
Et des bâtons noueux résonne le fracas.
Le sang humain jaillit; la terre, les broussailles
    Rougissent sous ses flots épais;
Enfin le faible cède, et, fuyant les batailles,
Il va cacher sa honte au plus noir des forêts;
Tandis que le vainqueur, dans une ivresse impure,
Serrant sa belle proie entre ses bras poudreux,
Frappe du pied la terre et vers un antre creux
    Se dirige avec sa capture.

Alors, commence alors l'œuvre de sainteté.
    Comme une onde fraîche et limpide,
Incessamment tombant sur la pierre stupide,
Finit par triompher de sa rigidité;

Comme le chaud baiser d'une légère flamme
  Fond et résout les durs métaux,
De même la douceur des regards de la femme
Dompte le cœur de l'homme et ses esprits brutaux.
Devant son front charmant il s'incline, il se traîne;
La force s'humilie aux pieds de la beauté :
Et le lien puissant de la paternité :
  Auprès d'elle à jamais l'enchaîne.

Hyménée! hyménée! union des humains,
  O première amitié du monde!
Que de biens ici-bas ta volupté féconde
A versés sans mesure et comme à pleines mains!
Par toi l'homme sorti du vil troupeau des bêtes
  A reconquis son noble rang;
Par toi la barbarie a fui de ses retraites,
Emportant avec soi l'infâme amour du sang;
Par toi les nations ont pris place sur terre,
Et sous le doigt de Dieu la sainte humanité,
Comme un fleuve paisible et plein de majesté,
  A recouvert toute la sphère.

Et maintenant tu fais le charme des États
  Et leur appui le plus solide :
Partout où ton feu brille et ta grâce réside
Le labeur est facile aux graves magistrats.
L'ordre règne partout : sous les toits domestiques,
  Comme une belle trame d'or,
D'âge en âge, à travers les familles antiques,

Des sublimes vertus circule le trésor.
Du ravissant amour tu prolonges la flamme,
Et tes chastes transports savent seuls enfanter
Tout le bonheur que l'homme ici-bas peut goûter,
    Sans encourir reproche et blâme.

Heureux qui, sur le seuil de la virilité,
    Aux plus beaux jours de sa nature,
Dans les fleurs de la ville a choisi la plus pure
Afin d'en respirer la grâce et la beauté !
Heureuse aussi la vierge et du corps et de l'âme
    Qui porte à son premier amour
Un cœur qui n'a brûlé que d'une seule flamme,
Des yeux qui n'ont encor réfléchi que le jour !
L'un et l'autre ils verront sur leur belle existence
Descendre les faveurs et les grâces du ciel,
Et la sérénité de sa coupe de miel
    Verser sur eux toute l'essence !

Ils ne seront jamais obligés de s'aimer
    Dans la solitude et dans l'ombre,
Et comme le coupable, avec un voile sombre,
De recouvrir la flamme âpre à les consumer.
Ils n'auront point recours à des ruses honteuses
    Afin de se voir un moment,
Et ne compteront pas leurs caresses peureuses
Comme celui que l'or visite rarement.
Et quand la volupté, dans son ivresse sainte,
A tous deux leur mettra le cœur contre le cœur,

Ils ne mangeront pas les fruits d'or du bonheur
Avec la cendre de la crainte.

Non, non, ils s'aimeront à la face des cieux
Et pourront partout se le dire;
Et les hommes témoins de leur chaste délire
Applaudiront partout à leurs transports pieux :
Car ils seront pareils à deux flûtes aimables,
Deux flûtes au son pur et clair,
Et qui pleines du vent de deux bouches semblables,
Toujours divinement redisent le même air :
Et qui les entendra sera rempli d'ivresse,
Et les tristes vieillards qui les rencontreront
Oublîront leurs chagrins et se verront au front
Reluire les jours de jeunesse.

O favoris du ciel, ô jeunes gens heureux !
De bonne heure aimez l'hyménée ;
Ne jetez point la fleur de votre matinée
Au vents de la débauche et des plaisirs honteux.
De bonne heure allumez le pur flambeau des noces,
De bonne heure allez à l'autel,
Non poussés par l'auteur des actions féroces,
Le vil désir du gain et son appât mortel,
Mais guidés par l'amour et la céleste envie
De ne point fouler seul les pierres du chemin,
D'avoir une compagne, et de donner enfin
De beaux enfants à la patrie.

Allez, car de la vie il est doux, il est beau
  De faire en s'aimant le voyage,
Et dans ce dur trajet, ce long pèlerinage,
De supporter à deux le pénible fardeau.
Il est doux, il est beau de monter la colline
  Ensemble et le bras sur le bras;
Il est doux, il est beau, lorsque le jour décline,
De la descendre ensemble et de dormir au bas,
Comme ces vieux époux aux tranquilles figures,
Que l'on voit côte à côte et se donnant la main,
Dormir d'un si bon cœur et d'un front si serein
  Sur les antiques sépultures.

IX

CHANT PATERNEL

I

LA MÈRE

Enfant, repose-toi sur le sein de ta mère,
Laisse son mouvement clore au jour ta paupière;
Enfant, jamais ton front n'aura pour sommeiller
  De plus doux oreiller.

Jamais, pour rafraîchir ta bouche, nulle haleine
Ne passera dans l'air plus fraîche que la sienne;

Ni pour veiller sur toi nulle étoile des cieux
    N'égalera ses yeux.

Enfant, mon doux enfant, dors sans trouble, à ton aise,
Comme un flot azuré sous le vent qui s'apaise ;
Et ta sérénité dans le cœur maternel
    Fera couler le miel.

O bonheur d'être mère, ô volupté suprême
Que l'on ne conçoit bien qu'en l'éprouvant soi-même !
Que par toi tous les maux du grave enfantement
    Sont payés largement !

Lorsque près de son cœur la jeune et tendre mère
Berce le noble fruit de sa souffrance amère,
Ou lorsqu'à son enfant elle livre à flot plein
    Les richesses du sein ;

Quelle ivresse ici-bas vaut celle de son âme ?
Elle est fière, et ses yeux qu'un saint amour enflamme
Ont une majesté qui souvent ne luit pas
    Au front des potentats.

II

LE PÈRE.

Enfant, viens, cher enfant, dans les bras de ton père ;
Pour lui détache-toi du beau sein de ta mère,

Comme au souffle léger d'un vent plein de fraîcheur
 Le bouton de sa fleur.

De même que le ciel en son éclat suprême
Est doux à contempler aux bienheureux, de même
Dans tes traits, ô mon fils ! il m'est doux de me voir
 Comme dans un miroir.

Que les peines du corps et les tourments de l'âme
Sur mes jours florissants s'abattent, troupe infâme;
Enfant, si je te vois, ton sourire vainqueur
 Suspendra la douleur.

Ah ! quand ton frais visage auprès de moi se joue,
Et que pour m'embrasser tu me tournes la joue,
Un céleste plaisir, en frissons ravissants,
 Pénètre tous mes sens.

Ni le lin le plus pur, ni la plus fine soie,
Ni le moelleux velours où la lumière ondoie,
Ni la feuille de rose aux odorants replis,
 Ni le duvet des nids,

Les ondes, le zéphyr, enfin rien dans le monde
N'égale la douceur ineffable et profonde
Des lèvres de l'enfant qui s'en vient vous poser
 Sur la joue un baiser.

III

LE PÈRE ET LA MÈRE

O toi qui l'as donné, toi qui peux le reprendre,
Créateur des humains, Dieu redoutable et tendre!
Verse sur notre enfant les trésors merveilleux
   De la grâce des cieux.

Donne-lui la bonté, l'élégance et la force;
Comme un jeune pommier à la luisante écorce,
Fais-lui porter un jour tous les fruits enchanteurs
   Que promettent ses fleurs.

Que ce beau rejeton à la tige vivace,
Dans ses bras caressants constamment nous enlace,
Et rende plus étroits les liens amoureux
   Qui nous pressent tous deux.

Comme au vent printanier les vapeurs les plus sombres
Dans les plaines du ciel fondent leurs grandes ombres;
Qu'au doux son de sa voix s'éloignent les soucis
   De nos fronts obscurcis;

Qu'en lui notre âge trouve un appui secourable;
Qu'il soit pour nos vieux ans comme un bâton d'érable;
Que, sans jamais fléchir, il guide nos pieds lourds
   Sur le penchant de nos jours.

Enfin, lorsque la mort ombrera notre couche,
Sur nos fronts pâlissants que son aimable bouche
S'entr'ouvre, et que d'un doigt délicat et pieux
    Il nous ferme les yeux.

X

HYMNE A L'HÉRITAGE

Celui qui le premier mit la borne en un champ
Ne fut pas un cœur sec, usurpateur, méchant,
Mais un homme lassé de vaguer sur la terre,
Comme flot sans rivage et comme aigle sans aire,
Et jaloux de plier sa tente et d'attacher
Ses jours à quelque abri de bois ou de rocher.
Ce fut plus : il devait au travers de ses moelles
Sentir courir le feu des amours paternelles,
Et traîner avec soi le fardeau palpitant
D'une mère plaintive et de son faible enfant.
Arrêtons nos destins, cria-t-il en lui-même,
Pour mon bien et celui des deux êtres que j'aime,
Arrêtons nos destins trop longtemps vagabonds ;
Et, comme un noble chêne enceint de rejetons,
Prenons racine afin qu'en paix sous notre ombrage
Une race au front pur aisément se propage.
Ce coin du sol ouvert au soleil plein d'éclats
Me rit et doit suffire à l'ardeur de mes bras.
La terre me voyant fixer mes pas sur elle

Accueillera mes soins d'une façon plus belle ;
Mon travail sur ses flancs ne sera point perdu,
Et, tous les ans, par elle il me sera rendu
En fruits plus savoureux, en gerbes plus nombreuses :
Alors je passerai des heures plus heureuses
Qu'au temps où, poursuivi sans cesse par la faim,
Je poussais mes troupeaux dans des plaines sans fin,
Et fatiguant le sol d'une éternelle chasse
Comme un vent de la mer j'en écumais la face.
Alors, quand sur mes yeux les ombres de la mort
Descendront, je mourrai sans crainte sur le sort
De ma tendre compagne et de ma géniture,
Certain qu'ils trouveront aisément nourriture
Dans les champs retournés par mes rudes hoyaux,
Champs dorés qui pourront briller encor plus beaux
Si le travail constant sous son joug tutélaire
Tient mes enfants courbés comme le fut leur père.
Et puis, je penserai que mes fils me perdant,
Comme le vif éclair qui ne luit qu'un instant,
Ne verront point mes traits sortir de leur mémoire.
Mon image longtemps, malgré la poudre noire
De la tombe, sera retracée à leurs yeux
Par les frais agréments de mes champs spacieux.
L'arbre qui jettera ses ombres sur leur tête,
L'onde dont le flot pur baignera leur retraite,
Le roc par moi creusé pour abriter leurs jours,
Mes superbes troupeaux aux mugissements sourds,
Tout parlera de moi, tout fera croire encore
A ma présence ; et bien que l'argile dévore

Mes pâles ossements en son sein enfouis,
Je resterai vivant dans l'âme de mes fils.
Mes bienfaits y feront fleurir ma souvenance,
Et si Dieu de ma race assure la croissance,
De génération en génération,
Aux jours les plus lointains retentira mon nom.

Voilà ce que l'instinct de la nature humaine
Dut dicter au premier possesseur de la plaine,
Et ce que, tel que lui, pensèrent justement
Tous les imitateurs de son empiètement.
Soudain à leurs côtés, les filles magnanimes
De l'auguste Raison, les Lois, reines sublimes,
Parurent, et, tenant en main le glaive froid,
Se firent pour jamais les gardiennes du droit.
De ce jour la cité fut fondée, et la terre
Devint pour l'homme un lieu paisible et salutaire.

Il est vrai que le globe, en cet état nouveau,
Ne roula pas ses flancs sous un ciel toujours beau;
Que, le cœur dévoré de passions infimes,
Avarice la louve y mit bas force crimes,
Et que la soif d'entrer sur-le-champ dans ses biens
Poussa l'homme au mépris des plus sacrés liens.
Alors on vit des fils à l'âme sanguinaire
Forcer leurs engendreurs à quitter cette terre
Avant le jour marqué par le doigt éternel;
On vit, sur le bois chaud du cercueil paternel,
Des frères oubliant leur commune origine

D'un cupide poignard se percer la poitrine;
On vit des actions d'une si grande horreur
Que le front du soleil s'en couvrit de pâleur.
Mais, hélas! ici-bas quelle est la chose humaine
Qui dans ses mouvements quelque vice n'entraîne,
Quel est le lac limpide et d'un si franc azur
Qui ne roule en ses fonds quelque limon impur?
Parce qu'il sort de l'arbre une mauvaise branche
Faut-il jusques au tronc tout entier qu'on le tranche,
Qu'on l'extirpe du sol et le rende au néant
Pour qu'avec lui le mal ne soit plus renaissant?
Non, il faut élaguer la branche en pourriture,
Et bientôt, l'arbre enflé d'un séve plus pure,
Réparera le tort de ses rameaux flétris
Par un plus vert feuillage et par de meilleurs fruits.

Loin, bien loin, ces esprits de trouble et de colère
Qui, ne comprenant rien aux choses de la terre,
Et n'en voyant jamais que les grossiers défauts,
Veulent passer sur tout l'acier bleu de la faux.
Si le monde écoutait leurs sauvages doctrines,
Il ne serait bientôt qu'un amas de ruines,
D'où ne ressortirait la pauvre humanité
Que le joug à l'épaule et le front hébété.
L'héritage aboli, la famille succombe
Entraînant avec soi la cité dans la tombe :
L'héritage aboli, c'est l'engourdissement
Qui succède partout au libre mouvement.
La terre devient comme une caserne immense

Où les hommes mettant en bloc leur existence
N'ont plus guère au travail d'excitant souverain
Que le fouet d'un despote et celui de la faim.
Alors, alors, adieu les doux plaisirs de l'âme,
Les élans de l'esprit et ses pointes de flamme,
De l'art sublime et pur, adieu les monuments,
Adieu les faits du cœur, adieu les dévoûments,
Tout ce qui ravit l'homme à la céleste voûte
Et d'un noble avenir lui découvre la route,
Tout s'éteint : le présent est seul vivant pour lui,
Et le bonheur du corps le seul but qu'il poursuit.
Mais bientôt de ses sens la suprême maîtresse
La volupté fait place à la molle paresse;
Celle-ci de son corps nonchalant tire au jour
La hideuse misère aux regards de vautour :
De misère renaît la haine meurtrière,
Les combats et le sang — on se fuit, et la terre
Qui portait sur ses reins tant de riches palais,
Tant de champs de blé d'or et tant de vergers frais,
Revoit partout surgir les longs déserts de sables,
Les fonds marécageux, les bois impénétrables,
Où l'homme dégradé, seul et couvert de peaux,
Va ramper tristement avec les animaux.

Tel est le tableau vrai des sombres destinées
Que ferait à la terre, hélas! en peu d'années,
La mort de ce grand fait par nature enfanté,
Et qui, devenu droit, se nomme hérédité.
Au contraire chantons ta louange, héritage,

Et sur le globe entier maintenons d'âge en âge
Ta loi sainte : disons que ton splendide fruit
Est du labeur humain l'équitable produit,
L'éternel stimulant des sueurs paternelles
Et l'aide nécessaire aux choses immortelles.
Sans toi l'hymen de l'homme est un feu sans raison
Qui ne laisse sur terre aucun profond sillon :
Sans toi, comme un collier qui se rompt et s'égrène,
L'innombrable troupeau de la famille humaine
Se disperse à travers le globe révolté;
Mais, fil d'or précieux, gardien de l'unité,
Avec toi l'être humain augmentant sa puissance
Monte de siècle en siècle et par moins de souffrance
A l'accomplissement de son but glorieux,
L'accord toujours plus grand de la terre et des cieux.

XI

HYMNE AU FROMENT

Rien n'est beau sur la terre en spectacles féconde
Comme le déploîment d'une campagne blonde,
D'une plaine sans fin toute jaune d'épis
Que nuancent parfois les couleurs du lapis.
Des grands arbres, des monts ou des nuages sombres
Les vents capricieux y promènent les ombres,
Et font, comme les eaux d'un océan mouvant,
Onduler à longs plis sous leur souffle vivant
La chevelure d'or de notre mère antique.

Quelque chose de saint, de grand, de magnifique,
Comme un suave encens s'élève des guérets.
La noire profondeur des immenses forêts,
La hauteur des sapins, la majesté des chênes,
Peuvent au cœur de l'homme en ses courses lointaines
Porter l'émotion d'un pieux sentiment :
Mais nul arbre pompeux dans son accroissement
Ne saurait l'émouvoir d'une façon plus belle
Que l'aspect ondoyant d'une moisson nouvelle
Que l'épi mûr et plein incline sous son poids.
C'est que les empereurs des hauts monts et des bois
Sont les fruits spontanés de la seule nature,
Tandis que la moisson, plus frêle créature,
Est l'œuvre de la terre et du labeur humain;
Et Dieu sait quel labeur pour engendrer le pain!

C'est toujours comme au temps du divin Triptolème
Avec la brune argile une lutte suprême
Où l'homme n'est vainqueur qu'au prix de son repos
Et de ses jours usés en pénibles travaux.
O pauvre laboureur, qui voudrait de ta vie,
A voir de quels tourments elle est toujours suivie,
Et comme dans le cours des diverses saisons
La sueur de ta face inonde les sillons.
C'est peu chaque matin, quand la bise est venue
Que, bravant le brouillard ou le vent ou la nue,
Dans le champ des aïeux ouvert en mille sens,
Au pas lourd et tardif de tes bœufs mugissants,
Tu promènes le soc, la herse aux pointes dures,

Et répandes à flots les fécondes ordures ;
Quand le sol préparé par ton active main
Recèle dans ses flancs le sublime levain,
Combien ton âme encore éprouve de souffrance !
Combien d'inquiétude à travers l'espérance !
Hélas ! plus d'une fois, le soir en te couchant
Tu vas priant le ciel dans un penser touchant
D'épargner à la plante à peine hors de terre
Des matins rigoureux l'haleine délétère,
Et de lui mesurer, en des termes égaux,
La pluie et le soleil à flots calmes et chauds.
Plus d'une fois, le jour, à l'aspect des nuages
Dans leurs flancs violets balançant les orages,
Ton front tout orgueilleux de l'enfant du sillon,
Penche et devient soudain plus noir que l'horizon ;
Et, ployant les genoux sur la terre brûlante,
Tu conjures les vents à l'haleine sifflante
D'emporter au delà de tes champs menacés
La trombe meurtrière et les grêlons glacés.
Enfin, plus ton œil voit la moisson sainte et pure
Grandir et se dorer aux mains de la nature,
Plus ton âme demande à Dieu la faculté
De couper le blé mûr dans toute sa beauté :
Et ton cœur palpitant et ton sein en haleine
Ne retrouvent de calme et d'allure sereine
Que le jour où le grain arrive sans malheur
Royalement s'étendre au grenier protecteur.

Le blé, le pur froment, c'est la moelle de l'homme,

C'est l'aliment qui fait tout son pouvoir : en somme
Ce n'est rien qu'un brin d'herbe, un flexible tuyau
Qu'une goutte de pluie, un zéphyr, un oiseau
Dans leur vol passager peuvent courber à terre :
Mais ce mince tuyau plus frêle que le verre
Est le pilier sublime où pour l'éternité
Repose aveuglément toute l'humanité.
Ah! que comme un vautour descendu des montagnes
Et plongeant avec bruit sur les blondes campagnes,
L'orage au flanc lugubre, aux deux ailes en feux,
S'abatte tout d'un coup sur les blés somptueux;
Qu'un vent âpre et mordant tombé d'un ciel avare,
Fende la terre sèche et, rendant l'onde rare,
Épuise dans son sein les grands sucs nourriciers
Et fasse dépérir les javelles sur pieds;
Ou que l'affreuse guerre, indomptable cavale,
Échappée aux horreurs de la nuit infernale,
Sans brides et sans mors, sous ses sabots d'airain
Broie à coups redoublés l'aliment souverain;
Et l'on verra bientôt d'une façon hautaine
Le noir désordre entrer dans la famille humaine,
La barbarie antique, ainsi qu'aux jours mauvais,
Ramener le tableau des atroces forfaits;
La terreur apparaître et traîner après elle
Des lâches passions la honteuse séquelle,
Les excès de la force et le mépris des lois,
Le pillage aux cent bras et l'émeute aux cent voix.
Puis la pâle famine aux dents longues et minces
Parcourra de l'état les nombreuses provinces,

Et la mort attachée à ses pas désastreux,
La grande travailleuse aux yeux vides et creux,
Sous sa terrible faux fera tomber les hommes
Plus vite qu'on ne voit, dans les champs où nous sommes,
Sous le fer recourbé des braves moissonneurs,
Tomber la gerbe mûre et les timides fleurs.

O Dieu conservateur ! ô Dieu de la nature !
Toi qui sais tout le mal que déjà l'homme endure,
Et comme il se fatigue à vivre pauvrement,
Épargne-nous toujours ce sombre événement !
Préserve nos cités, énormes habitacles,
Du retour désolant de semblables spectacles,
Et sans cesse pourvois par de nouveaux bienfaits
A ce que le froment ne nous manque jamais.
Fais-le croître au sommet des monts les plus arides,
Dans le creux des vallons, dans les plaines humides,
Dans les îles, partout : de ta puissante main
Épands à larges flots le magnifique grain ;
Comme un riche semeur jette-le sans mesure,
Sans crainte que son jet épuise la nature,
Et que le globe entier se plaigne en ses élans
De voir trop d'épis d'or lui hérisser les flancs :
Car il en faut, hélas ! à tant d'êtres au monde.
Il en faut au pasteur de la terre féconde,
Au commerçant avide, au marin vagabond,
Au penseur isolé qui travaille du front,
Au valeureux soldat qui défend la patrie,
Au prêtre infirme et vieux qui confesse et qui prie,

Aux enfants de la veuve, à l'indigent manchot,
Et même au malfaiteur au fond de son cachot.
Tous les hommes ont droit à la terrestre manne,
Tous, quel que soit le rang où le sort les condamne,
Leur labeur élevé, leur rôle obscur et bas,
Et leur sombre destin roulé jusqu'au trépas,
Tous ont un droit égal, aux champs de la nature,
A leur morceau de pain, leur part de nourriture;
Aussi bien que l'oiseau que tu nourris dans l'air
Et le poisson muet aux gouffres de la mer,
Aussi bien que le tigre et les biches peureuses
Au sein des chauds déserts et des forêts ombreuses :
Car tous sont les rameaux pleins de vitalité
De l'arbre verdoyant qu'on nomme humanité.
Et cet arbre est, grand Dieu, la plus belle semence
Que soit tombée un jour de ton giron immense.

Châtres, Août 1839.

XII

HYMNE A LA VIGNE

Enfant chéri de la France, ma mère,
Plante aux reins tortueux, à la feuille angulaire,
   Que le soleil caresse avec amour,
Ne laisse point tarir ta séve salutaire;
O Vigne! nourris-toi des parfums de la terre,
   Et bois avidement les feux brûlants du jour.

Tu n'as plus, il est vrai, les fêtes magnifiques
Dont jadis t'honorait la belle antiquité,
Les hymnes délirants, les danses impudiques,
 Et les bonds du thyrse effronté ;
Les pampres couleur d'or, aux grands jours de l'automne
Ne sont plus arrachés à tes souples rameaux,
 Et, sur le front des dieux ruraux,
Ne se contournent plus en épaisse couronne.
Pour les lynx mouchetés et les fiers léopards,
Tu n'es plus un sujet de bataille sanglante ;
On ne voit plus le jus de ta grappe écumante
Couler sur les seins nus d'une jeune bacchante
Expirante d'amour sur des pampres épars ;
Tu n'es plus l'aiguillon des ménades sauvages,
 Et troublant leurs sombres cerveaux,
Tu ne vas plus semant les monts et les rivages
De cadavres humains et de chairs en lambeaux.
Plus de culte effrayant, plus de folle prêtresse,
 Plus de mystères redoutés,
Plus de temples fameux ; les dieux morts de la Grèce
Avec eux au tombeau les ont tous emportés.
Et pourtant sur la terre, ô Vigne étincelante !
Tu refleuris encor comme aux jours révolus :
Tout meurtrier qu'il est du beau corps de Bacchus,
Le temps n'a point tari dans ta veine brûlante
La bienfaisante humeur qui coulait à grand flux.
Le temps a vainement mis l'Olympe en ruines,
Ravi les dieux de l'homme à l'immortalité,
 En toi son bras a respecté

L'œuvre de la nature et de ses mains divines :
Et ton cep verdoyant aux vivaces racines,
Comme un drapeau vainqueur dans le monde est resté ;
Et, toujours chaque année, au déclin de l'été,
  Devant tes grappes purpurines
Se courbe avec transport l'heureuse humanité.

Oui, lorsque le soleil encor plein de lumière
Du signe de la Vierge éloigne ses rayons,
Quand septembre moins chaud commence sa carrière,
Partout où pend la vigne en gracieux festons,
Un spectacle charmant se découvre à la terre.
  Au sein des champs, au flanc des monts,
Comme un essaim doré de bruyantes abeilles,
S'envole un gai troupeau de hardis compagnons ;
  Et du pied de toutes les treilles,
Du fronton verdoyant de toutes les maisons,
S'élèvent jusqu'au ciel des milliers de chansons.
Tandis qu'au haut des ceps les jeunes gens folâtres
  Font pleuvoir les raisins bleuâtres,
Les filles au-dessous tendent leurs tabliers,
Ou pliant sous le poids des forts et lourds paniers
Remontent de la plaine en joyeuse phalange,
  Et vont répandre la vendange
Dans le sein odorant des énormes cuviers.
Là, les bruns vignerons, garçons pleins de vaillance,
En chemise, et les bras appuyés sur les reins,
Comme de gais danseurs s'agitent en cadence,
Et sous leurs pieds sanglants font crier les raisins.

Les enfants autour d'eux, troupe vive, hardie,
Avide de toucher, désireuse de voir,
Se haussent pour atteindre au sommet du pressoir,
Et les fouleurs riant de leur douce folie,
Leur barbouillent le front avec un peu de lie.
On jase, on chante, on rit, les airs sont enivrés :
De la cuve le vin jaillit à flots pourprés,
  Et chacun de prendre une coupe ;
Mais avant de goûter le nectar précieux,
Le père du hameau, le plus vieux de la troupe,
S'écrie en élevant son verre dans les cieux :
Bénissons Dieu, mes fils ; à lui la goutte mère !
Car c'est lui seul, enfants, qui féconde la terre,
Et qui verse aux mortels, avec les flots du vin,
La santé vigoureuse et l'oubli du chagrin.

  Non tu n'as rien perdu de ton empire,
O Vigne généreuse à l'éclat séducteur,
Toujours avec élan, toujours avec ardeur,
Après ton fruit divin le genre humain soupire !
Toujours à ton aspect l'enfant et le vieillard
Sentent d'un feu plus vif rayonner leur regard ;
  Le triste cœur de la veuve plaintive
Chante, et son œil s'emplit d'une larme furtive.
Toujours à ton aspect le barde aux lèvres d'or
Voit s'éveiller en lui la verve sommeillante,
Et toujours, au doux feu de la grappe brillante,
Son vers retentissant prend un plus libre essor.
  Toujours un peu de ta liqueur vermeille

Inspire du courage au guerrier de la veille,
Et, sur le pont brumeux du navire mouvant,
Sait réchauffer le corps et relever la tête
Du pauvre matelot battu par la tempête,
    Et tout glacé par la pluie et le vent.
Non, non, rien n'est changé, ta puissance est la même;
Seulement, aux grands jours de ta fête suprême,
Et lorsque la vendange en bruyantes clameurs
A proclamé ton culte et tes divins honneurs,
    On a remplacé le délire
Qui du vainqueur de l'Inde ensanglantait l'autel,
Par une aimable joie, un doux éclat de rire,
Et des remercîments au seul prince du ciel.

    Enfant chéri de la France, ma mère,
Plante aux reins tortueux, à la feuille angulaire,
    Que le soleil caresse avec amour,
Ne laisse point tarir ta séve salutaire;
O Vigne, nourris-toi des parfums de la terre,
Et bois avidement les feux brûlants du jour.

XIII

HYMNE A LA PATRIE

O belle France! ô noble enfant du ciel,
Chère patrie, inépuisable mère!
Toi qui n'as point ta pareille sur terre,
Toi dont le nom est plus doux que le miel,

Jusqu'au moment où doit fuir l'existence
Sois notre amour et l'objet de nos chants ;
Répétons tous en chœur ces mots touchants :
    Dieu protége la France !

Du plus beau lis l'éclatante blancheur
N'égale pas celle de ta figure ;
A pleines mains sur ton front la nature
A répandu la grâce et la fraîcheur.
Dans tes yeux noirs brille l'intelligence,
Et la gaîté, de ses rubis en feux,
Divin bandeau, couronne tes cheveux :
    Dieu protége la France !

Comme une reine, au milieu de deux mers,
Assise en paix sur un trône immobile,
Ton regard fier et noblement tranquille
Plane de là sur le vaste univers.
A tes genoux le vent de l'abondance
Roule à flots d'or les épaisses moissons ;
La vigne en fleurs te rit sous ses festons :
    Dieu protége la France !

Dieu t'a donné la gloire des combats,
Dieu t'a donné la palme des batailles ;
Et le sang pur de tes chaudes entrailles
Incessamment enfante des soldats.
Ton cœur ardent est sensible à l'offense,
Au noir courroux prompt à s'abandonner,

Il est aussi prompt à tout pardonner :
　　　Dieu protége la France !

O belle France, aux traits doux et chéris !
Puissent jamais les discordes civiles
Ne faire entendre au milieu de tes villes
Le bruit honteux des canons ennemis !
Entre tes bras puisse ton peuple immense,
Dans le travail et dans l'amour des lois,
Couler en paix des jours libres et droits !
　　　Dieu protége la France !

Puisse ton cœur au vent de charité
Toujours s'ouvrir, et ta large poitrine
Brûler des feux d'une pitié divine
Pour tous les maux de notre humanité !
Puisse la fleur d'éternelle jouvence,
La bonne foi, la vertu de l'honneur,
Sur ton beau sein croître encore en splendeur !
　　　Dieu protége la France !

Et toi, grand Dieu ! toi qui, du haut des cieux,
De l'univers tiens en main la fortune,
Sur ton enfant, notre mère commune,
Avec amour daigne jeter les yeux.
Dans l'avenir fais toujours qu'elle avance,
Grande parmi les grandes nations,
Et qu'à genoux toujours nous répétions :
　　　Dieu protége la France !

XIV

CHANT DE VICTOIRE

Les canons ont fermé leurs gueules meurtrières,
La brèche ouverte a vu tomber ses défenseurs,
Et sur les murs croulants le drapeau des vainqueurs
Flotte au bruit du tambour et des trompes guerrières

Maintenant, que les chants succèdent aux combats,
Que tous les cœurs serrés s'élargissent d'ivresse,
Que le vent jette au loin la poudre des combats,
Et que le vieil Atlas tressaille d'allégresse !
La Paix, la douce Paix s'élance sur nos pas.

Ah ! nous ne venons point déshonorer les filles,
Et jeter nos bras nus sur leur pudique chair ;
Insulter les vieillards, disperser les familles,
    Et chercher l'or à la pointe du fer.

Non, nous ne venons point renverser les murailles,
Saper les hautes tours, déraciner les forts,
Et, profanant du pied le champ des funérailles,
De leurs linceuls poudreux dépouiller les vieux morts.

Nous nous sommes armés pour une cause humaine,
    Pour abolir l'amour du sang,

Pour tarir, s'il se peut, cette méchante veine
Dans le cœur âpre et dur de l'Africain brûlant.

Nous voulons que chaque homme ait du respect pour l'homme;
Que l'homme, pur reflet d'un Dieu puissant et bon,
Ne soit pas au marché vendu comme un mouton :
Nous voulons qu'on l'honore, et non pas qu'on l'assomme
Comme un bœuf mugissant qui meurt sous le bâton.

Nous voulons que la mort soit belle et sans outrage.
Plus de meurtre hideux, plus de Kabile errant,
    Comme un chacal au cri sauvage,
Flairant les corps tombés au plus fort du carnage,
    Et mutilant le soldat expirant.

O sainte humanité! pour toi nos mains rapides
Enverraient jusqu'au ciel d'innombrables boulets!
Pour toi nous franchirions mille zones torrides,
Et nous irions au fond de ces gouffres livides
Arracher à Vulcain ses plus ardents secrets!

    Allons, soldats enivrés par la poudre,
Artilleurs aux canons encor vibrants et chauds,
Cavaliers aux pieds sûrs et prompts comme la foudre,
Et vous, fiers grenadiers, intrépides faisceaux
    Que la mort même a grand'peine à dissoudre,
Par le mur entr'ouvert pressez vos larges flots!

Là vont se terminer les sanglantes misères,

Les marches, les travaux ; là , tout prend une fin ;
Là , nous prîrons le Dieu des combats et des guerres
Pour notre général et pour ceux de nos frères
      Qui sont tombés sur le chemin.

En avant ! en avant ! ah ! la conquête est belle !
Les grands tigres rayés , les fauves léopards ,
Courent, le flanc percé d'une balle mortelle :
Pour le vaste désert ils quittent les remparts ,
Et leurs troupeaux hurlants , tumultueux , épars ,
Laissent aux fils des Francs une gloire éternelle.

Entrons , entrons vainqueurs dans l'antique cité.
      Sonnez , clairons ; sonnez , trompettes !
Et vous, bruyants tambours , sous les noires baguettes
Roulez un chant d'orgueil et de mâle gaîté ;
      Entrons vainqueurs dans la cité !

Il est beau d'envahir une terre nouvelle ;
Il est beau de soumettre un pays indompté,
Lorsqu'au milieu des rangs marche l'humanité,
Et quand tout cavalier au pommeau de la selle
      Porte avec soi la liberté.

Novembre 1837.

XV.

CHANT DU POÈTE.

La puissance peut dire : à l'œuvre, statuaire,
  A l'œuvre, peintres et chanteurs !
Et le bouillant sculpteur entamera la pierre,
Et le peintre ravi mêlera les couleurs,
Et le chanteur divin, excitant son délire,
  Laissera déborder sa lyre ;
Et des flots d'harmonie enivreront les cœurs.
Que leur importe l'ordre ? un tyran sur son trône,
  Une pourpre pleine d'éclats,
Les multiples reflets de l'or de la couronne,
Des courtisans penchés et des flots de soldats :
Tout cela n'est-il pas un sujet de peinture,
Aussi beau que l'aspect de la verte nature,
Et que le mouvement d'un grand peuple, en été,
A travers la poussière et la mitraille dure
  Reconquérant sa liberté ?
Que leur importe l'ordre ? aux yeux du statuaire,
Pour l'amant de la forme et des contours de feu,
Le tyran est un homme, et le tailleur de pierre
Peut du corps d'un Néron tirer le corps d'un dieu :
Et puis, le chœur léger des belles mélodies,
  Troupe éthérée, au vol capricieux,

Peut au sein d'un palais sonore et spacieux
  Déployer ses ailes hardies
Aussi bien que sous l'arc de la voûte des cieux.
Mais le poète, non : nul autre que lui-même
N'a puissance sur lui dans ce vaste univers :
Il est roi de son art et l'arbitre suprême
De sa verve émouvante et de ses purs concerts.
  Pour qu'il chante, il faut que son âme
A sa bouche ait dicté la sentence de flamme,
Et permis d'éclater en sublimes clameurs :
Car dans les saints transports dont elle est possédée,
Elle n'abonde pas rien qu'en sons et couleurs,
  Mais elle roule aussi l'idée
A travers le torrent de ses rhythmes vainqueurs.
Et l'idée ici-bas n'est pas chose légère,
Une vaine couleur, un vain souffle qui fuit,
L'idée en soi renferme ou la paix ou la guerre,
L'idée est un vent chaud qui féconde ou détruit,
  L'idée élève ou déshonore,
Vous jette dans la fange ou sur un piédestal ;
  L'idée est un pouvoir fatal
Qui dans le fond de l'âme et son gouffre sonore,
Comme un prisme éclatant s'imprègne et se colore
  Des reflets du bien ou du mal.
Ainsi donc le poète au cri plein de puissance,
A la face brûlante, au grand cœur agité,
  Est enfant de la conscience,
Et comme tel encor fils de la liberté.
Oui, le poète est libre : ô philosophes blêmes,

Ténébreux constructeurs de mondes incomplets,
Essayez de le prendre en vos étroits systèmes
  Comme l'oiseau dans les filets !
Et pareil au sultan des plaines éternelles,
Pareil à l'aigle altier, il étendra les ailes,
Et dans l'azur des cieux emportera vos rets.
Oui, le poète est libre : ô puissances du monde !
Tyrans, rois ou tribuns, enchaînez son essor,
Plongez-le dans la nuit d'une geôle profonde
Et brisez dans ses mains sa plume, son trésor ;
Et le fier prisonnier, de ses deux lèvres d'or,
Épanchera sur vous le fiel de la vengeance,
Couvrira de mépris votre immonde puissance,
Et devant l'échafaud chantera votre mort.
Oui, le poète est libre : et son âme princière
  Pour domaine a l'immensité.
A lui les vastes champs du ciel illimité
Et les contours bornés de l'épaisse matière,
Les eaux, les bois, les monts, et l'humaine cité,
L'empire de l'esprit et de la volonté,
Tout ce qui frappe enfin la mortelle paupière,
Et tout ce que l'œil pur de l'idéalité
  Contemple sans lumière.
Oui, le poète est libre : et jusques au tombeau,
Son noble cœur n'admet pour lois supérieures
Que les lois émanant des célestes demeures,
  Celles du bien, celles du beau ;
Et son front souverain, dans la course divine
Où l'entraîne l'ardeur de ses ailes de feu,

Son front paré d'éclairs ne se courbe et s'incline
Que devant la grandeur de Dieu.

XVI

CHOEUR DES SAVANTS

Tandis que le printemps empourpre les charmilles,
Que les herbages verts appellent les troupeaux,
Que l'on voit deux à deux, jeunes gens, jeunes filles,
Avec l'ivresse au cœur passer sous les ormeaux,

Que tout aime et tout chante au sein de la nature;
Nous, retirés au fond d'un cabinet poudreux,
Pâles et dans les mains tenant notre figure,
Nous suivons la pensée en son vol lumineux.

Nous regardons le jet de l'éclair face à face
Et, l'esprit en sa vue absorbé tout entier,
De ses feux nous tâchons de conserver la trace
Sur les froides blancheurs du fragile papier.

Notre bonheur à nous, fils muets de l'étude,
C'est de porter le jour en toute obscurité,
De déchirer tout voile et, sous l'écorce rude,
De contempler tout être en sa réalité.

Les uns, hardis plongeurs de l'océan des nombres,
Poursuivent jour et nuit sous leurs flots turbulents
Les problèmes profonds qu'à nos yeux chargés d'ombres
L'absolu, roi jaloux, tient cachés dans ses flancs.

Les autres, voyageurs aux plaines de l'espace,
Volent après l'essaim des astres radieux,
Observant dans les airs la comète qui passe,
Et nommant et comptant toutes les fleurs des cieux.

Ceux-ci tirent des corps une force invisible
Qui, ramassée au creux de leur habile main,
Se laisse diriger, en sa course terrible,
Comme un fougueux coursier qui reconnaît le frein.

Ceux-là des éléments divisent les atomes
Et, dans l'orbe infini de leur variété,
Réduisant à néant les antiques fantômes
De la pure substance atteignent l'unité.

Enfin, du vieux Dédale appliquant les doctrines,
D'autres soufflent la vie au tranquille métal
Et peuplent l'univers d'un monde de machines
Qui dans leurs mouvements surpassent l'animal.

La terre et l'océan racontent nos prouesses,
Les cieux même sont pleins de notre vaste essor ;
Nous possédons déjà de bien grandes richesses,
Nous avons beaucoup fait : nous ferons plus encor.

Et de tous ces travaux le but et la pensée
Ne sont pas ce que croient de nous nos ennemis,
L'orgueil de tout connaître et l'ivresse insensée
De nous poser en rois sur le globe soumis.

Non, non, c'est le bonheur de mieux voir et comprendre
Dans ses plans infinis la puissance de Dieu,
De louer ses splendeurs et d'une âme plus tendre
De chanter son saint nom sur des lyres de feu.

C'est, surtout, de porter au secours de nos frères
Des moyens plus nombreux de bien-être ici-bas,
D'alléger le fardeau de leurs longues misères
Sur la voie inconnue où s'enfoncent leurs pas.

O Douleur! noir serpent qui comprimes la terre
Dans les mille replis de tes reins venimeux,
C'est contre toi, surtout, que la science austère
Dirige incessamment ses efforts valeureux !

Oh! nous n'espérons pas, enfant du mal antique,
Te détruire en entier ; ce triomphe est trop beau :
Mais nous espérons bien, à ton corps tyrannique,
Au fil de nos pensers, trancher plus d'un anneau.

En vain des cœurs pieux sur un ton lamentable
Nous crient : à quoi bon ces vœux ambitieux ?
Rendre à l'homme la terre un séjour supportable
C'est lui faire oublier qu'il doit monter aux cieux

Nous, nous leur répondons : à la bonté divine
Ce serait insulter que d'apprendre aux humains
Qu'ils ne peuvent aller au ciel que par l'épine
Et les cailloux sanglants des plus âpres chemins.

Non, Dieu n'est pas méchant ; — et suivant d'un vrai sage
La voix et les conseils avec lui nous disons :
Aux champs de la sagesse il est plus d'un passage,
Les meilleurs sont semés de fleurs et de gazons.

Dieu, de corps et d'esprit douant sa créature,
Ne voulut pas des sens éteindre les plaisirs;
Il voulut seulement qu'habile avec droiture
L'art ne pût contenter que de justes désirs.

L'homme peut donc jouir de l'amitié charmante
Sans perdre pour cela l'amour de son auteur,
Et, sans lui faire tort, près d'une épouse aimante,
Il peut épanouir les trésors de son cœur.

Oui, chacun en son rang, ô terrestre existence!
Nous pouvons, tous, goûter pleinement tes attraits,
Et conserver encor la sublime espérance
De celle qui, là-haut, ne finira jamais.

La vertu, la vertu !... loin de mettre à la chaîne
Nos désirs de bien-être et de profit, elle est
Au contraire la forme heureuse et souveraine
Du vrai bonheur de l'homme, en ce monde imparfait ;

Semblable au mouvement double de notre sphère,
Qui s'opère à la fois sans gêner son essor,
Et qui, sur tous les points de l'active matière,
Maintient divinement l'harmonie et l'accord.

XVII

HYMNE A LA CHARITÉ

Chère fille du Christ, aimante Charité,
O toi, qu'en retournant à la divinité,
Le doux Galiléen laissa sur cette terre,
Afin de réparer le crime du Calvaire !
Ne t'épouvante pas de la rigueur des temps,
Des mots injurieux, des rires insultants
Que tu rencontreras sur bien des lèvres viles ;
Habite parmi nous, dans nos champs, dans nos villes,
Fais retentir ta voix, et découvre à nos yeux
L'éclat modeste et doux de ton front gracieux.
Nous avons tant besoin, pour nos corps et nos âmes,
De tes baumes exquis et de tes purs dictames !
Hélas ! malgré les pas de la société,
Trop encore, l'Orgueil et la Lubricité
Jettent sur le pavé de nos places publiques
Des flots de mendiants et d'ardents faméliques.
Trop encore, le dur égoïsme, des cœurs
Enchaîne les élans et glace les ardeurs.
Trop encore, l'on voit le publicain avare

Dans sa morgue insolente et sa course barbare,
Passer insouciant et sans tendre la main
Au pauvre enfant tout nu qui meurt sur son chemin.
Trop encore, l'Envie à l'âme basse et vaine,
Chez le peuple excitant les serpents de la haine,
Décharge sa colère au front de l'innocent,
Et fait avec douleur couler son noble sang.
O sœur de l'Espérance, ô vertu surhumaine,
Des chrétiennes vertus ô toi la plus chrétienne,
Charité, Charité, femme au rouge manteau,
Redouble de pitié pour l'énorme troupeau
Qui chemine en ce monde à travers tant d'alarmes !
Songe à toute douleur, n'oublie aucunes larmes,
Quel que soit le visage et quels que soient les lieux,
Passe indifféremment ta main sur tous les yeux ;
Sur le seuil des palais comme au fond des chaumières
Répète incessamment aux hommes qu'ils sont frères,
Qu'ils sont tous ici-bas faits pour se secourir,
Et non pour s'opprimer et non pour se haïr ;
Que ce n'est qu'au moyen d'abondantes largesses
Que le riche peut faire excuser ses richesses,
Et réparer aux yeux de la sainte équité
Les torts exorbitants de l'inégalité ;
Mais que le pauvre aussi, soulagé dans sa peine,
Doit de son cœur souffrant épancher toute haine,
Et ne garder en soi que les doux éléments
De la reconnaissance et des bons sentiments.
Enfin, au fond des cœurs verse tes pures flammes
A grands flots, et surtout fais que les tendres âmes

Qui se pénétreront de tes vives chaleurs
Dispensent sans compter leurs aimables faveurs.
Charité, Charité ! ton image sincère
N'est-elle pas toujours le portrait d'une mère ?

Ainsi lorsque la soif tourmente ses enfants
Et vers le sein fécond tourne leurs yeux brillants,
La bonne mère est là, qui, sachant les comprendre,
Les suspend tour à tour à sa mamelle tendre :
Et voilà les petits, sur le sein renversés,
Les doigts crispés de joie et les deux yeux baissés,
Qui font à coups de langue entrer dans leurs bouchettes
De la douce liqueur les blanches gouttelettes.
Le front le plus vermeil, comme le plus pâli,
Est sûr de trouver place au sein blanc et rempli,
Et chacun largement y prend sa nourriture.
Cela n'empêche pas que si, par aventure,
La sainte femme voit une humble et pauvre main
Poser sur ses genoux un petit être humain
Qui frissonne en son lange et que la soif dévore,
Elle ne s'apitoie et ne soit prête encore
A lui donner le sein : qu'importe que l'enfant
Ne soit pas de sa chair, ne soit pas de son sang,
Qu'il ait une figure inconnue à la sienne ;
Il lui suffit de voir qu'il souffre, que sa veine
Est maigre et sans couleur, et que sa bouche en feu
Appelle la boisson que lui destinait Dieu ;
Et vite elle le met sur sa chaude poitrine
Et lui fait emboucher la bouteille divine,

Et le flot maternel de nouveau prend son cours
Pour le pauvre étranger comme pour ses amours :
Car on a beau puiser à la douce fontaine,
Le cœur la renouvelle et la fait toujours pleine.

XVIII

HYMNE A LA RÉSIGNATION

Un jour, une plainte sauvage,
Tombant du Caucase ébranlé,
Traversa le sombre nuage
Qui tenait son sommet voilé;
Et cette plainte redoutable,
Se mêlant au bruit formidable
Du grand combat des éléments,
Comme un cri d'atroce vengeance,
Frappa toute l'humaine engeance
Des plus noirs épouvantements.

C'était le Titan Prométhée
Qui, pendant au roc souverain,
Se tordait, victime indomptée,
Sous un vautour au bec d'airain.
Toutes les fois qu'une morsure
Augmentait sa large blessure,
Il fronçait son sourcil épais,
Et, l'œil au ciel, plein de colère,

Criait au maître du tonnerre :
Tyran infâme, je te hais !

Mille ans plus tard, une autre plainte
Perçait les ombres de la nuit,
De souffrance non moins empreinte,
Mais moins amère dans son bruit.
Cette fois la plainte funeste
Montait à la voûte céleste
En soupirs calmes et pieux,
Comme la voix douce et profonde
D'un beau cygne qui fait au monde
Ses mélancoliques adieux.

Hélas ! le Christ à l'agonie
Pleurait au mont des Oliviers :
Car, voyant sa tâche finie,
Il devinait ses meurtriers.
Sous le poids de la main divine
Il courbait sa faible poitrine,
Et, gémissant, disait : Mon Dieu !
S'il faut que vienne le supplice,
Et que je boive ton calice,
Je m'incline et bénis ton vœu.

Ah ! la douleur est effroyable ;
Elle est souvent longue à porter,
Et le ciel bien impitoyable
Aux cris qu'elle nous fait jeter.

L'esprit de l'homme a beau se tendre,
Il ne pourra jamais comprendre
Pourquoi, pour un si court moment,
Il faut voir dans la chair et l'âme
Tant de vautours à l'œil de flamme
Plonger l'ongle cruellement.

Que faire alors, hommes, mes frères,
Mes pauvres frères en douleur?
Lancer des paroles amères
Au mal, à son puissant auteur?
Comme un Titan à la torture,
Appeler tyran la nature
Et maudire le Créateur?
Mais c'est pousser un cri de haine,
Et ce cri n'ôte point la peine
Et peut-être accroît son ardeur.

Que faire alors? De la souffrance
Porter le poids sans soupirer?
Opposer un sombre silence
Au mal qui vient vous torturer?
Mais cet effort est impossible,
Notre nature est trop sensible,
Et la fibre du cœur humain
N'a pas, quoique épaisse matière
L'immobilité de la pierre
Et la dureté de l'airain.

Il vaut bien mieux laisser la plainte
S'écouler librement du cœur,
Comme l'eau fuit d'une urne sainte
Qui roule sous un pied vainqueur.
Seulement, dans les douleurs vives,
Il faut vers le mont des Olives
Tourner sa pensée et ses yeux,
Et là, prenant Christ pour modèle,
Mesurer ses plaintes à celle
Dont il émut les vastes cieux.

O Jésus! ton divin génie,
Type vrai de l'humanité,
Dans la mort comme dans la vie,
A surpassé l'antiquité.
Ton existence fut sublime,
Et ton cri de mort, ô victime!
Fut celui d'un cœur bien aimant,
Qui sut combien la Providence
Est au-dessus de notre essence
Et de son faible jugement.

O Jésus! que foudre et tempête
Sur mon front viennent à bondir,
Comme toi je baisse la tête
Et point ne cherche à me roidir.
J'imiterai ta noble transe,
Je supporterai la souffrance
Sans blasphémer : sous le couteau,

La douceur de l'agneau qui bêle
Est plus émouvante et plus belle
Que les colères du taureau.

Oui, loin de penser que la peine
Soit ici-bas l'effet brutal
D'un pouvoir que le hasard mène
Et qui sans raison fait le mal,
Je veux toujours croire, au contraire,
Qu'elle est utile et nécessaire
Au grand plan tracé dans les cieux,
Et je dirai : Toute-puissance,
Quand tu nous verses la souffrance,
Si tu le fais, c'est pour le mieux!

XIX

HYMNE A L'AMITIÉ

Heureux qui, voyageant aux plaines de la vie,
    A, dès l'abord, trouvé pour compagnon
Un homme à l'esprit juste, au cœur honnête et bon,
Sans génie oppressif et plein de modestie,
Qui, sévère pour soi, mais pour vous indulgent,
Sait jouir de la vie en être intelligent,
Et toujours calme, aimable, en tout temps, à toute heure,

Aux jours mauvais à vos côtés demeure,
Solide comme une ancre et pur comme l'argent.

Ah! de l'arbre enbaumé de la verte jeunesse
Il est doux avec lui de goûter les fraîcheurs;
Il est doux de plonger avec lui dans l'ivresse,
D'être sage avec lui quand revient la sagesse,
    Et par les bois, les prés en fleurs,
En secret avec lui, plein de folles ardeurs,
De dénouer parfois les divines ceintures
Des filles d'Apollon aux voix tendres et pures!

Il est vrai que le ciel n'est pas toujours serein,
Que très-peu de beaux jours finissent sans tempêtes,
Que la neige des ans et le vent du chagrin
    Tôt ou tard passent sur nos têtes;
Mais las! quelles que soient les rigueurs du destin
Et les longues douleurs de l'âge impitoyable,
Dans ce monde changeant, il est encore heureux
De vieillir côte à côte et surtout d'être deux
    Contre le mal inexplicable.

Et tel fut ce troupeau de sublimes mortels
A qui l'on dresserait volontiers des autels
    Tant leur mémoire est chère;
Achille aux pieds légers, Patrocle à l'âme fière,
Oreste et son Pylade, et Damon, Pithias,
Et le grand roi David et son cher Jonathas,
Des cœurs aimants admirable exemplaire :

Ils croisèrent leurs mains aux luttes d'ici-bas ;
Aussi dans les revers et sous l'œil du trépas
L'infortune leur fut moins qu'à d'autres amère.

  O belle et charmante Amitié !
Fille des doux accords et sœur de la Pitié,
Sainte union des cœurs, amour chaste et sans voile,
Feu paisible et constant, blanche lueur d'étoile
Qui chauffe sans brûlure et pour l'éternité,
Va, sans toi tous les biens sont peu dignes d'envie ;
  Gloire, fortune et liberté
Ne sont que les accès d'une courte folie,
  Les rêves creux d'un sommeil agité,
Et l'homme assurément jamais n'aurait tenté
De boire jusqu'au fond le calice de vie
  Si le roi de l'azur
N'en eût point parfumé les bords de ton miel pur.

XX

CHANT DES VIEILLARDS

Jeunes gens, jeunes gens ! que la vieillesse envie
Et qu'elle voit passer devant ses tristes yeux,
Le visage empourpré des roses de la vie
Et l'œil illuminé de la splendeur des cieux ;

Vous que la vie emporte au milieu de l'espace,
Comme un fier étalon, comme un coursier sans freins,
Que l'obstacle aiguillonne et que rien n'embarrasse
Dans les champs entr'ouverts à ses pas souverains;

Que la force du sang qui bouillonne en la veine
Entraîne avec transport aux amoureux combats,
Et qu'elle mène aussi, la tête haute et vaine,
Contempler sans frayeur la face du trépas!

Jeunes gens, jeunes gens, ah! que votre jeunesse
Ne vous inspire pas des discours méprisants
Pour les cheveux blanchis où la sombre vieillesse
Amasse à flots épais ses brouillards malfaisants!

Ne nous regardez pas dans votre course agile,
Comme des Termes froids dont l'impuissant orgueil
Couvre le sol poudreux d'une charge inutile,
Et de tous les chemins embarrasse le seuil.

Ne nous regardez pas comme branches inertes,
Comme rameaux noircis par les souffles du nord,
Comme branches sans séve et déparant les vertes,
Ou comme des fruits mûrs pour tomber dans la mort.

Songez, ô jeunes gens, que votre force extrême
A la pâle langueur fera place à son tour,
Et que vers le moment de ce déclin suprême
Vos pieds tumultueux vous mènent chaque jour;

Que votre noble corps, votre fière stature
Se ploira comme un arc sous le poignet du temps,
Et que, comme l'hiver argente la verdure,
Vos cheveux blanchiront sous la neige des ans;

Que votre main si bonne à tenir une lame,
Votre genou si propre à dompter les chevaux,
Votre bras si rapide à saisir une femme,
Votre langue si vive à formuler des mots;

Tout se détraquera sous la rouille de l'âge,
Tout insensiblement joûra mal, et le corps
Ne se remûra plus que comme un vieux rouage
Dont les siècles auront engourdi les ressorts.

Alors dans ce déclin de la force hautaine,
Dans cet affaissement de la chair et des os,
Dans ces derniers éclats de la pensée humaine,
Dans ce penchant rapide à l'éternel repos,

Les seuls enivrements de l'âme en décadence,
Les seuls rayonnements au milieu des brouillards,
Les seuls parfums encor ranimant l'existence
Seront l'humble respect et les pieux égards.

Le respect, le respect, ô jeunesse superbe!
Accorde-le sans peine à tous les fronts chenus!
La vénération dans l'âme d'un imberbe
Est, avec la franchise, une grâce de plus.

Ne refuse jamais le peu que te demandent
Les êtres chancelants dont les cercueils sont près :
Honore-les afin que les cieux te le rendent
Au jour ou tu verras poindre les noirs cyprès.

Et nous, graves vieillards, patriarches des villes,
Monuments respectés par les vagues du temps,
Que son courant oublie, et que, comme des îles,
Son flot à découvert laisse quelques instants ;

Nous qui, longtemps battus par les sombres orages,
Et longtemps égarés sur la mer des vivants,
A force de périls, à force de naufrages,
Avons appris, hélas! à connaître les vents ;

Nous en la main de qui la grande expérience
A déposé sa lampe à la douce clarté,
Et qui, dans les écueils nombreux de l'existence
Marchons, avec lenteur, mais avec sûreté ;

N'abusons pas des biens de la sainte sagesse,
N'abusons pas des dons du savoir merveilleux,
Et dans le gai troupeau de la folle jeunesse
Ne portons pas des fronts ridés et soucieux,

Des visages armés de sévères paroles,
Des cerveaux tout remplis d'orgueilleuses raisons ;
Pensons à nos beaux ans, à nos passions folles,
Aux jours de la vendange et des chaudes moissons.

Ah! pour elle, au contraire, ayons des yeux de pères;
Aimons à la reprendre et non pas à l'aigrir :
De nos saintes clartés, de nos pures lumières,
Pour elle illuminons le champ de l'avenir.

Laissons-la pas à pas se mettre à notre place
Dans les rangs de l'armée, aux conseils de l'Etat :
Devant elle sachons nous enfuir avec grâce,
Comme la nuit devant le soleil plein d'éclat.

Toutefois, en quittant les combats et l'arène,
En remettant le ceste à des bras plus vaillants,
Gardons-nous que l'ennui honteusement ne traîne
Au sein des vils plaisirs l'honneur de nos vieux ans.

Tant que nous le pourrons, vivons par la pensée :
Jusqu'au dernier soupir, jusqu'au seuil du tombeau,
Que notre intelligence avec fruit exercée
Augmente ses trésors, apprenne du nouveau.

Enfin, lorsque pour nous l'heure de la retraite
Sonnera tristement au noir cadran des cieux,
Lorsque Dieu nous dira que notre course est faite
Et qu'il nous faut aller rejoindre nos aïeux,

De ce monde mouvant, de ce monde éphémère,
Détachons-nous sans bruit, sans regret et sans fiel,
Comme un fruit doux et mûr, et qui, tombant sur terre,
Bénit le sol natal et l'arbre paternel.

XXI

HYMNE A LA MORT

Je chanterai la Mort, la Mort inexorable,
Non pas avec l'accent d'une voix lamentable
    Et sur un mode injurieux;
Mais je la chanterai d'une noble manière,
Comme on chante au matin la divine lumière
Qui finit la nuit sombre et colore les cieux.

O Mort! pas un seul être en l'univers immense
Sous tes fauves regards ne s'égaie et se plaît;
    L'aigle gémit comme le roitelet,
    Le lion tremble, et l'animal qui pense
Sent la frayeur blanchir son visage inquiet :
Et pourtant ici-bas ta lugubre présence
    Est un ineffable bienfait.

Quelle vieille nourrice et quelle bonne mère
Endorment mieux que toi les douleurs de l'enfant?
Quel médecin meilleur, sur une plaie amère
Verse une huile plus douce, un baume plus calmant?
Quelle tranchante épée et quelle forte lame
    Comme toi rompent tous les nœuds
    Qu'autour du flanc des malheureux
Serrent la tyrannie et la misère infâme?

Lorsque nos vains désirs se sont bien débattus,
C'est ta main qui finit la lutte douloureuse,
Et, quand des passions le flux et le reflux
Nous a plus agités qu'une barque écumeuse,
C'est toi qui, dominant l'onde tumultueuse,
Nous ramène une paix que nous ne perdrons plus.

Telle qu'un feu brûlant ou le jet du tonnerre
    Souvent la vie à l'acte humain
    Accorde un pouvoir souverain,
Une force qui met en mouvement la terre :
Mais la mort prête aux faits un plus haut caractère :
Comme un sculpteur sublime et plein de gravité,
Elle complète l'œuvre et donne la beauté.

Oui, tout ce que l'on fait avec la mort en face
Porte le sceau divin qui jamais ne s'efface ;
Le flot du devoûment, la source du vrai beau,
Ne coule largement qu'au pied du noir tombeau,
Et le cri qui tomba des hauteurs de Solyme,
Le cri du juste mort sur la croix étendu,
Est et sera toujours le cri le plus sublime
    Que l'univers ait entendu.

Je chanterai la Mort, la Mort inexorable,
Non pas avec l'accent d'une voix lamentable
    Et sur un mode injurieux ;
Mais je la chanterai d'une noble manière,

Comme on chante au matin la divine lumière
Qui finit la nuit sombre et colore les cieux.

XXII

HYMNE AUX TOMBEAUX

A voir le peu de temps que va la chose humaine
Et combien sa ruine est rapide et soudaine,
On dirait, quand la mort a mis la main dessus,
Détendu ses ressorts, relâché ses tissus,
De veine en veine éteint la chaleur nourricière
Et donné la volée à l'âme prisonnière,
On dirait que pour l'homme en cadavre changé
Tout est fini sur terre, et qu'une fois rongé
Il n'y doit demeurer trace de son passage,
Non plus que dans les cieux n'en laisse le nuage,
Ou l'ombre de la nuit sitôt que le soleil
A découvert son front à l'orient vermeil.
Mais non, le vase d'or qui renferma le baume,
Après qu'il est brisé laisse encor son arome
S'exhaler dans les airs ; le temple aux contours purs
Qui garda l'Éternel à l'abri de ses murs,
Lors même qu'il n'est plus qu'un monceau de ruines,
Attire encor la foule à ses pierres divines :

Tout n'est pas terminé pour l'homme qui s'éteint,
Non-seulement au ciel et devant le Dieu saint,
Mais aussi dans les champs de l'existence humaine.
L'homme en destruction, l'homme poussière vaine,
Laisse encore ici-bas quelque chose de grand,
Qui n'est point de la vie et n'est point le néant,
Son tombeau! le tombeau, noble et puissante masse,
Qui lie à l'avenir le passé qui s'efface,
Monument qui s'élève avec solennité
Sur les confins du temps et de l'éternité,
Et que l'ardent regret, enfant des cœurs sincères,
Arrose constamment de pleurs et de prières,
Afin de consoler les ossements poudreux
Qui gisent pêle-mêle en ses flancs ténébreux.

O soins touchants des morts et de la sépulture,
Bons sentiments que Dieu mit dans notre nature,
Vous êtes éternels, vous êtes aussi vieux
Que la face du globe et la voûte des cieux!
On vous trouve partout, dans le fond des savanes,
Sous le sauvage abri des pendantes lianes,
Comme au sein des cités, sur le seuil des palais
Que le porphyre et l'or décorent à grands frais.
Tout ce qui porte un cœur, une âme douce et tendre
Peut, n'importe sa place, aisément vous comprendre
Et, sans qu'il soit besoin d'enseignements puissants,
Vous comprendra toujours jusqu'au déclin des ans.
Oui, tant que par les airs l'astre doré qui brille
Éclairera le front d'un fils ou d'une fille,

On verra l'humble terre ouvrir au bras mortel
Son sein, pour recevoir l'ossement paternel,
Et le sombre cyprès, le gazon ou la pierre
Se tailler et monter en pyramide altière,
Pour raconter aux cieux, en signes éclatants,
La grandeur de la perte et le deuil des enfants.
Aussi combien, malgré nos soupirs et nos larmes,
Le séjour des tombeaux conserve encor de charmes!
Combien leur solitude émeut l'âme, et souvent
En dit plus que le bruit de ce monde mouvant!
Sous le couvert épais des funèbres ombrages,
Aux douteuses clartés qui percent les feuillages,
Le souvenir des morts doucement agité
Reparaît plein de force et plein de majesté.
Là, planant au-dessus des embarras du monde,
Et largement lavé de toute fange immonde,
Il éveille dans l'âme un plaisir noble et pur
Comme un beau ciel dont rien ne peut troubler l'azur
La jeune fille morte en sa fleur virginale
Renaît avec des traits d'une grâce idéale;
Le jeune homme tombé comme un tendre sapin
Reprend le vif éclat de son brillant matin;
Et, comme un marbre blanc sans taches et sans veines,
Le héros dépouillé des faiblesses humaines
Se remontre aux regards de son peuple attristé
Presque avec les rayons de la Divinité,
Tant la mort, comme un feu qu'un divin souffle anime,
Épure toute chose à sa flamme sublime,
Et, comme un sel infect évaporant le mal,

Ne laisse que le bien au creuset sépulcral.

Les tombeaux, les tombeaux! loin d'être délétère,
L'air qui flotte alentour est sain et salutaire,
Et l'être qui l'aspire y puise abondamment
L'apaisement de l'âme et l'encouragement.
Souvent, au seul aspect de l'urne de son père,
Un pauvre dégoûté de cette vie amère
A redressé le front, et, reprenant du cœur,
Contemplé l'avenir d'un œil ferme et vainqueur.
Souvent, douce colombe à l'amour entraînée,
Les deux pieds chancelants et la tête tournée,
Une enfant près de choir aux bras d'un vil mortel
S'est abattue aux pieds du cyprès maternel :
Mais la croix secourable et l'ardente prière
Bientôt l'ont relevée, et du froid cimetière
La vierge est revenue à l'antique manoir,
Plus calme et plus docile aux leçons du devoir.
Enfin plus d'une fois, un marbre qu'on renomme
Aux grandeurs de la gloire a fait rêver un homme;
Plus d'un jeune Alexandre, au cou frêle et penchant,
Sur les cendres d'Achille a pleuré son néant;
Et plus d'un bien-aimé des nymphes d'Aonie
A trouvé le secret de sa belle harmonie,
En contemplant au fond de quelque Panthéon
L'ossuaire fameux d'un Dante ou d'un Milton....
O grands morts, ô héros, ô rois de la pensée!
O vous tous que l'envie et la haine insensée
Dès les premiers rayons de votre beau matin

De féroces abois poursuivirent sans fin :
Si la vie eut pour vous des orages sans nombre,
Si le sol d'ici-bas fut une plaine sombre,
Une arène fatale au combat incessant
Où chacun de vos pas fut marqué par le sang,
Que votre tombe est belle, et que l'heure dernière
A bien payé les maux de votre vie entière
En vous donnant le calme et les hommages dus
A l'éclat surhumain de vos rares vertus !
Quel beau jour que le jour où plongeant sur vos âmes,
La mort, aigle vainqueur, dans ses serres de flammes
Vous prit ; alors la haine entr'ouvrit les deux yeux
Et l'envie étouffa ses serpents odieux !
Alors vous pûtes voir tout un peuple en alarmes
Baigner vos ossements de ses pieuses larmes ;
Mille lyres d'ivoire et mille nobles voix
Chantèrent vos travaux, bénirent vos exploits ;
Les bronzes meurtriers allumant leur tonnerre,
Sur vos traces partout firent trembler la terre ;
Les étendards baissés saluèrent vos os ;
Et votre deuil pompeux, dans les champs du repos,
Entra d'une façon vraiment plus triomphale
Que ne le fit jamais la majesté royale.
Ainsi, quand le jour meurt, et que le roi des cieux,
Voyant l'ombre passer sur son front radieux,
Se penche vers les flots, il semble que la terre,
Sans voix durant l'ardeur de son feu salutaire,
A ce moment fatal sente plus vivement
Le grand vide qui va se faire au firmament.

Alors de tous les points de sa courbe divine,
De tous les lieux frappés par l'astre qui décline,
Du fond des vastes bois, des plaines et des mers,
S'élèvent tout à coup mille souffles divers;
Mille touchants accords montent, et ce murmure,
Ce doux frémissement de toute la nature,
Comme un hymne plaintif de regret et d'amour,
Accompagne au tombeau l'astre mourant du jour.

Ah! loin de ressembler à ces races légères
Que dévore la soif des choses passagères,
Et qui sur le présent fixant toujours les yeux
Jettent au vent d'oubli les cendres des aïeux,
Conservons dans nos cœurs une longue mémoire
De tous ceux que la mort a ravis pleins de gloire,
Et pour qui la patrie, épuisant le Paros,
De ses royales mains a bâti des tombeaux.
Soit que les sombres murs des hautes cathédrales
Abritent saintement leurs pompes sépulcrales,
Ou soit que la nature, amoureuse du frais,
Fasse trembler autour la feuille des cyprès,
A l'heure où vient le soir, où les ombres tranquilles
Du haut des monts voisins descendent sur les villes,
A l'heure où, moins distraits par le fracas mortel,
Les cœurs écoutent mieux les douces voix du ciel,
Adorateurs pieux des trépassés célèbres,
Tournons souvent nos pas vers leurs couches funèbres.
Là, près d'eux, recueillis, sur leur tombe inclinés,
Pensons à leurs vertus, leurs travaux obstinés;

Pensons que tout ce luxe et de marbre et d'image
Qui reluit sur leur corps est le saint témoignage
Des admirations de la société,
Et le commencement de l'immortalité ;
Que dans le vaste amas d'existences humaines
Que l'Éternel répand sur les terrestres plaines,
Bien peu jettent assez de flamme et de splendeurs
Pour doter leur trépas de semblables faveurs ;
Que le bien et le beau sont les deux routes sûres
Qui mènent à l'honneur des belles sépultures ;
Mais que ces deux chemins, ardus et meurtriers,
Rebutent bien des cœurs et lassent bien des pieds.
Pensons à tout cela : puis, rentrés dans la vie,
Reprenons notre tâche avec la noble envie
De laisser à nos corps de pareils vêtements.
Méritons chaque jour d'illustres monuments,
En attendant que Dieu, dans sa munificence,
Nous accorde plus haut la grande récompense.

XXIII

HYMNE A DIEU

Lorsque le sang, chassé par de puissants ressorts,
   Du cœur de l'homme a jailli comme l'onde,
   Il va roulant sa pourpre vagabonde
Par les mille canaux qui sillonnent le corps :

De toutes parts il anime, il féconde,
Aux pieds donne la force et l'étincelle aux yeux,
Et du cerveau caché sous une voûte ronde
Fait sortir la pensée en éclairs radieux :
Puis, lorsqu'il sent mourir sa chaleur souveraine,
Et qu'il rentre aux poumons, noir, sans force et malsain,
 L'air, le grand air de sa vivante haleine,
Comme le vieil Éson, le rajeunit soudain :
Et, tout renouvelé par l'élément divin,
 Riche de séve et fort de nourriture,
Voilà qu'il redescend dans l'édifice humain
Avec une substance et plus rouge et plus pure.

Ainsi l'âme se meut au corps de l'univers ;
Ainsi l'âme l'inonde, et, passant au travers,
D'innombrables beautés parsème sa surface ;
Ainsi l'âme envahit et féconde l'espace,
 Brille dans l'air en sublimes flambeaux,
Éclate en masses d'or, en fleurs, en animaux,
Et communique à tout la puissance et la grâce ;
Ainsi l'âme, perdant sa chaleur efficace,
Et sentant décliner la force de son feu,
 D'un vif élan remonte d'elle-même
Au foyer primitif, à la source suprême,
Et va se retremper au grand souffle de Dieu.

Ah ! l'Éternel n'est pas l'artiste solitaire
Qui, l'œuvre une fois faite et le moule jeté,
 Rentre dans l'immobilité,

Et voit, silencieux, les choses se défaire.
    Dieu, toujours en activité,
Et comme un bon manœuvre à la tâche excité,
    Le coude en plein dans la matière,
Dieu riche de pouvoir, de grâce et de beauté,
    A toujours de quoi satisfaire
Aux besoins renaissants de la vitalité.

Par l'immense univers nulle âme n'est soustraite
A l'immense regard de son œil vigilant.
    L'humble ciron et l'éléphant,
    Le corps léger de l'alouette,
Et l'orbe chevelu de l'ardente comète,
Reçoivent tous, chacun dans son cercle mouvant,
Les effluves d'amour que l'Esprit pur sécrète
Et verse à flots dorés sur l'ombre du néant.
Dieu brasse de la vie et jette l'existence,
Sans calculer le nombre et le feu qu'il y met :
    Souffler la vie est son essence,
    Conserver l'être est sa puissance,
Et quand il le détruit, toujours il le refait
Avec plus de largeur, plus de magnificence
    Et de splendeur qu'il n'en avait.

Aussi, de tous les points de la plaine du monde,
Du centre des rayons et de l'extrémité,
    Quelle aspiration profonde
Au cœur toujours battant de la divinité !
Quel élan merveilleux et quelle course ardente !

Quel concours d'éléments divers,
De soleils vieillissants, de globes entr'ouverts,
De feux mourants, de flots amers,
Avides de briser leur forme pâlissante,
Et de se rajeunir dans l'âme effervescente
Du Créateur de l'univers !

Non, jamais on ne vit dans l'antique carrière
Plus de chars si vite emportés,
Jamais on n'entendit à travers la poussière,
Pour le sublime but, la palme populaire,
Bondir plus de cœurs agités ;
Jamais au noir courant d'une épaisse mêlée
On ne vit l'œil en feu, la tête échevelée,
Plus de fougueux guerriers prendre un rapide essor
Pour saisir à la main et de pleine volée
La victoire aux deux ailes d'or.

Heureuse l'âme à qui l'enveloppe fait faute
Et que le temps dépouille par lambeau !
Elle est près de sortir d'un lugubre tombeau
Pour atteindre aux splendeurs d'une sphère plus haute ;
Elle est près de porter un vêtement plus beau ;
Heureuse l'âme à qui le corps fait faute !
Mais plus heureuse encore est celle qui, sachant
Qu'elle renferme en soi des lueurs immortelles,
N'attend point pour ouvrir ses ailes
Que le vent de la mort seconde son penchant !

Bienheureux, bienheureux celui qui se consume
Dès l'aube de ses jours en désirs sérieux ;
Qui ne pense qu'au Maître, et dont l'âme s'allume
    A l'espoir d'arriver à mieux,
Et qui, tel que l'aiglon, oiseau faible et sans plume,
Mais ardemment épris de la clarté des cieux,
Dès le nid se soulève et déjà s'accoutume
    A fuir le globe soucieux !

O mon âme, courage ! imite dans ta sphère
    L'exemple immortel des aiglons,
Fuis les voraces cris de l'épaisse matière,
Brise les nœuds impurs des viles passions :
Que tes deux yeux tournés vers la sainte lumière
    Boivent son rayon enchanté,
Et ne perdent jamais dans la vaste carrière
Le soleil idéal, source de la beauté.

Qu'importe que la terre, enivrante sirène,
Pour mieux te retenir dans les chaînes du corps,
Déroule autour de toi la grâce souveraine
    De ses mélodieux accords ;
Qu'importent les parfums de son humide haleine,
Ses contours ravissants, ses magiques couleurs ;
Qu'importent même autour de la terrestre plaine
    Le firmament et ses splendeurs :
Monte, mon âme, monte au grand foyer des âmes ;
Va de toute ton aile au réservoir des flammes,
    Dirige là ton vol de feu ;

Monte, monte toujours, et ne fais point de pauses,
Et sans jamais atteindre au Créateur des choses,
    Rapproche-toi toujours de Dieu !

ÉPILOGUE

Le vent de poésie a regagné les nues,
    Me voilà sans force et sans voix ;
Les cordes de la lyre à demi détendues,
    Ne répondent plus à mes doigts.

Les chants sont achevés, c'est Dieu qui les commence,
    C'est Dieu qui soutient leur essor,
Et c'est lui qui devait avec magnificence
    Inspirer leur dernier accord,

Avec lui, comme au son de la lyre thébaine
    Jadis Amphion l'a tenté,
Avec lui j'ai voulu de la famille humaine
    Bâtir l'idéale cité.

J'ai voulu revêtir et le marbre et la pierre
    De l'éclat de sa majesté ;
J'ai voulu que son nom fût la pierre angulaire
    Du temple de la Liberté.

Peut-être, pour oser une chose pareille,
    Surtout pour la mener à bien,
Fallait-il une voix plus sonore à l'oreille,
    Un archet plus fort que le mien ;

Peut-être fallait-il une âme plus croyante,
    Peut-être de plus saints concerts,
Des chants pareils à ceux que l'antique hiérophante
    Versait à longs flots dans les airs.

J'ai fait ce que j'ai pu, ce qu'à ma conscience
    A soupiré l'esprit de Dieu ;
Le grand désir du bien a causé ma licence,
    Et de force il me tiendra lieu.

Oui, quoiqu'il se rencontre en cette symphonie
    Des tons et des rhythmes divers,
L'Éternel, je l'espère, en sera l'harmonie,
    Comme il l'est de tout l'univers.

RIMÈS HÉROIQUES

Ἀθανάτους μὲν πρῶτα θεούς, νόμῳ ὡς διάκειται,
Τίμα· καὶ σέβου ὅρκον· ἔπειθ' ἥρωας ἀγαυούς.

Vers dorés de Pythagore.

Révère d'abord les dieux immortels comme
la loi l'ordonne, respecte le serment, et
ensuite honore les illustres héros.

1843

En feuilletant les œuvres de Torquato Tasso, j'ai trouvé dans ses poésies lyriques un recueil de sonnets ayant pour titre : *rime heroiche*. Ce sont des vers adressés à différents princes de l'Italie, en l'honneur de leur mariage ou de la naissance de leurs enfants. J'ai pensé que ce titre pouvait s'appliquer avec plus de raison encore aux chants inspirés par ceux qui se sont dévoués au bien de leurs semblables. J'ai donc recueilli toutes les pièces de vers que dans mes lectures ou mes voyages l'émotion d'un pieux souvenir, un grand acte de vertu ou de patriotisme avaient pu me suggérer. Parmi elles, j'ai pris toutes celles qui se rapportaient à un nom connu dans l'histoire, et, les groupant par ordre de temps, j'en ai composé, comme je l'ai déjà fait dans un de mes poèmes le Pianto, une sorte de galerie que j'ai décorée du titre de Rimes héroïques. Ce ne sont pas toujours les âmes les plus éclatantes et les plus applaudies que j'ai chantées, mais les plus malheureuses, les plus tournées vers l'honnête, et les plus sympathiques à ma manière de voir et de sentir. La forme du sonnet a été celle que ma pensée a revêtue. Ce petit poème, d'invention moderne et d'origine provençale, a le mérite d'encadrer avec précision l'idée ou le sentiment, il se prête à tous les tons, et, quoique accoutumé à soupirer les peines du cœur et à exhaler les tristesses de l'âme, il peut monter aux notes les plus fières et faire entendre les accents les plus mâles. J'en ai varié les formes autant que les lois de l'harmonie me l'ont permis, j'ai même essayé quelques combinaisons nouvelles. Ai-je réussi ? C'est une question que je laisse à décider au lecteur.

1843.

Quelques changements sont à signaler dans cette réimpression. Plusieurs sonnets ont été refaits, plusieurs autres ajoutés à propos d'événements récents. Les *Rimes héroïques* étant un recueil qui peut toujours s'ouvrir aux inspirations du poète, il profite de cette nouvelle édition pour le corriger et l'augmenter.

1852.

Si le chant de la poésie
N'est point, sonore fantaisie,
De mots un assemblage vain;
Mais si ce langage divin
Est une savante harmonie,
Mise en la bouche du génie
Afin de donner plus d'éclats
Aux bonnes choses d'ici-bas :
Alors, alors, usons, mon âme,
Du peu de voix, du peu de flamme
Dont la Muse nous fit cadeau,
Et faisons connaître à la terre
Ce qu'en passant notre œil austère
Y vit de touchant et de beau.

RIMES HÉROÏQUES

GENEVIÈVE DE NANTERRE

451

> Dieu protége Sion...
> RACINE.

Lutèce gémissante était dans la terreur,
Car des peuples errants comme un flot sans rivage,
Les Huns traînant partout le meurtre et le ravage,
Approchaient de ses tours leur étrange fureur.

Alors une humble vierge adorant le Seigneur,
Ange pur de vertu, colombe au doux ramage,
Apparut et cria : Lutèce, prends courage,
Dieu gardera tes murs de son fléau vengeur !

Et Lutèce bientôt sortit de ses alarmes.
Tout ce grand mouvement de chariots et d'armes,
Loin d'elle s'écoula comme un torrent d'été.

La sainte avait du ciel pénétré les arcanes,
Et vu ce qu'il voilait au regard des profanes,
Tes immortels destins, ô ma mère, ô cité !

MODESTUS

588

*Il y a plus de choses dans le ciel et sur la terre, Horatio,
Qu'on ne l'imagine dans les rêves de votre philosophie.*

SHAKSPEARE.

Un jour le roi des cieux, sur son trône de flamme,
Entendit tristement monter la voix d'une âme :
Et cette voix disait : Père de l'univers,
Par le sang de ton fils, sèche mes pleurs amers !

Hélas ! humble artisan, je n'ai pu voir l'infâme
Passer sur mon chemin sans le couvrir de blâme ;
Et, pour venger l'affront, le redouté pervers
M'a fait charger de coups et jeter dans les fers.

O Dieu ! délivre-moi ! Le Créateur du monde,
Ému de cet accent de détresse profonde,
Sur le noble imprudent laissa tomber ses yeux.

Et soudain du captif les gardiens s'assoupirent,
Le noir cachot s'ouvrit, les chaînes se rompirent,
Et le juste sortit en bénissant les cieux.

ROLAND

778

> Vivite fortes.
> SÉNÈQUE.

OLIVIER.

Vaillant préfet des Marches de Bretagne,
Ne vois-tu pas sur les monts accroupis
Plus de guerriers qu'une vaste campagne
N'étale aux cieux de verdoyants épis ?

ROLAND.

Cher Olivier, je vois sur la montagne
Un grand amas de païens insoumis,
Prêts à broyer les vainqueurs de l'Espagne
Sous l'épaisseur de cent rocs ennemis.

OLIVIER.

Roland, Roland, souffle en ton cor d'ivoire,
Et que son bruit perçant la gorge noire
Jusques au roi par les vents soit porté.

ROLAND.

Crier à l'aide, ah ! c'est bon pour des femmes,
Cher Olivier, tirons plutôt nos lames :
Mieux vaut mourir que faire lâcheté.

HÉLOISE

1136

> Me tamen urit Amor...
> VIRGILE.

Qu'est-ce aimer, si ce n'est abandonner son âme
A tous les purs transports du divin sentiment,
Ne voir en l'univers que l'objet de sa flamme
Et comme un souffle aux cieux s'y fondre entièrement?

Qu'est-ce aimer, si ce n'est, quand l'aimé le réclame,
A son propre malheur courir aveuglément
Et faire du cruel qui votre cœur entame
La sérénité pleine et le contentement?

Et ce fut là ta vie, en ce monde, Héloïse !
O chrétienne Sapho, colombe que l'Église
Toute chaude d'amour entre ses bras reprit.

Ton maître t'immolant à sa vaine science
Eut beau sur toi du cloître abaisser le silence,
Ton cœur sera toujours plus grand que son esprit.

NICOLAS RIENZI

1354

> Dormira sempre o non fia che la svegli?
>
> PÉTRARQUE.

A EUGÈNE BUTTURA, PEINTRE.

Il était nuit : Phébé montait au firmament,
Et sur Rome au sommeil planant en souveraine
Relevait des blancheurs de sa clarté sereine
Les sublimes contours de chaque monument.

Or, moi qui près du Tibre errais obscurément,
J'admirais les splendeurs dont la ville était pleine,
Et m'inclinais encor devant l'œuvre romaine,
Quand j'entendis soudain un long gémissement.

Hélas! hélas! c'était l'ami du grand Pétrarque,
Le spectre de Rienzi qui, vainqueur de la Parque,
S'en venait sur les bords du fleuve épouvanté,

Étaler à mes yeux sa blessure saignante,
Et qui, la face pâle et la voix sanglotante,
Criait : O terre esclave! ô pays sans beauté!

ARNOLD DE WINKELRIED

1386

Un lundi matin, les filles fauchaient dans la rosée,
Voici venir les ennemis près de Sempach...
(Chanson de Hals-Suter.)

A MADAME MÉLANIE DENTU.

Qui rompra cet amas de lances et de piques,
Cette forêt d'airain qui s'avance sur nous ?
Dans cet épais carré d'armures germaniques,
Qui fera pénétrer la vigueur de nos coups ?

Fils de la liberté, fils des monts helvétiques,
Serons-nous Autrichiens, esclaves, et les loups
Troubleront-ils la paix de nos chalets rustiques ?
Ah ! qui se dévoûra pour le salut de tous !

Moi, moi, dit Winkelried ; et le bon capitaine,
Comme un fort moissonneur que l'on voit dans la plaine
Presser les épis mûrs contre son sein voûté,

De lances en arrêt le plus qu'il peut embrasse,
Tombe, et, par le grand trou qu'il ouvre dans la masse,
Fait passer la victoire avec la liberté.

JEANNE D'ARC

1430

> ... Jeanne d'Arc naquit
> Et vécut vierge depuis sa tendre enfance :
> Elle fut chaste et sans reproche dans toutes ses pensées,
> Et son sang pur versé injustement
> Criera vengeance aux portes du ciel.
>
> SHAKSPEARE.

S'il est un nom vaillant qui soit cher à la France,
Et qui du temps jaloux doive être le vainqueur,
C'est le rustique nom de la femme de cœur
Qui foudroya l'Anglais des lueurs de sa lance.

Lorraine aux brunes mains, aux yeux pleins d'innocence,
Qui fis si grande chose avec tant de candeur,
Toi qui n'eus qu'un bûcher pour prix de ton ardeur,
Puissent nos plus beaux vers être ta récompense !

Que tous les cœurs chantants deviennent des autels
Où ta louange éclate en hymnes immortels :
Poètes, vengeons-la des bourreaux détestables !

Quand le bien tombe aux pieds du crime injurieux,
C'est aux enfants du beau, comme frères pieux,
A réparer du sort les coups épouvantables.

CHRISTOPHE COLOMB

1492

> Jesus cum Maria sit nobis in via.
> C. Colomb.

A M. FERDINAND DENIS.

Poëte merveilleux de la force du Dante,
Qui ton rêve écrivis non sur du froid papier
Mais sur le sein mouvant de l'Océan altier
Avec le bois ferré d'une carène ardente ;

Toi qui plein de génie et de foi débordante
Fus méconnu des tiens, et, pâle aventurier,
Forcé de sol en sol d'errer et mendier,
Rire des faux savants à la lèvre impudente,

O Colomb, que de maux pour atteindre ton but !
Et pourtant durs affronts, misère, rien ne put
Arrêter ton élan, troubler ton œil de flamme :

C'est qu'en la mer d'angoisse où te plongeait le sort
Naviguant pour Dieu seul, il était le point nord
Où malgré vents et flots se tournait ta grande âme.

BARTHÉLEMY DE LAS CASAS

1552

Transiit bene faciendo.
(ÉVANGILE.)

Las Casas! à ce nom l'humanité s'incline
Et salue avec joie un de ses défenseurs;
Comme un sombre ouragan le meurtre et la ruine
Reportent aux enfers leurs souffles oppresseurs;

Le Christ est triomphant, sa charité divine
Sur la jeune Amérique épanche ses douceurs;
D'un feu moins dévorant le ciel pur s'illumine;
Les races n'en font qu'une et s'aiment comme sœurs :

Et l'on voit dans le fond d'une obscure cabane
Une jeune sauvage, enfant de la savane,
Soignant avec amour un pauvre vieillard blanc,

Pour réparer les maux de la fièvre cruelle,
Lui verser, tendre femme, à flot doux et coulant,
Les trésors savoureux de sa rouge mamelle.

JÉROME SAVONAROLE

1498

> Aimez-vous les uns les autres, et vous serez libres.
>
> SAVONAROLE.

Moine à l'âme mystique, au cœur républicain,
Sombre amant de Florence! ô grand Savonarole!
Il fut triste le jour où ta sainte parole
Jeta ses derniers bruits comme un lugubre airain.

Hélas! tu vis, dit-on, d'un regard surhumain,
Quel serait le paîment de ton amitié folle;
Tu vis le peuple ingrat flétrir ton auréole
Et la mort sur ton front prête à porter la main.

Alors, comme le maître au jardin des Olives,
Contemplant le tableau de tes souffrances vives,
Tes membres délicats saignant sous les liens,

La torture féroce et le bûcher immense,
Tu fis un grand soupir et pardonnas d'avance
A tes lâches bourreaux qui tous étaient chrétiens.

ANDRÉ DORIA

1528

> E fece *per la patria* il gran rifiuto.
>
> Dante.

Gloire à toi, Doria, gloire, gloire éternelle!
Non pour avoir vaincu dans cent combats divers,
Humilié l'Afrique et chassé l'infidèle
Des beaux champs azurés de l'empire des mers;

Non pour avoir sauvé la cité maternelle
Des mains de l'étranger qui la tenait aux fers,
Armé les saintes lois d'une vigueur nouvelle,
Et montré Gênes grande aux yeux de l'univers;

Mais bien pour avoir fait ce qu'ici-bas nul homme,
Depuis les jours fameux de la Grèce et de Rome,
N'eut la force de faire, ô vieux Ligurien !

Pour avoir refusé le royal diadème,
Et placé dans ton cœur le nom de citoyen
Au-dessus des appas de la grandeur suprême.

LE COMTE D'EGMONT

1568

> Voici ma tête... c'est la plus libre que jamais la tyrannie ait fait tomber.
>
> GOETHE.

A M. F. DOBIGNIE.

Liberté, liberté, bel ange aux larges ailes !
Lorsque planant dans l'air au-dessus des cités
Tes regards tout à coup vers la terre emportés
Descendent sur les murs de la riche Bruxelles ;

Quel est dans cet amas de toits noirs et heurtés
L'aspect qui sait le mieux enflammer tes prunelles,
Et qui fait palpiter d'ivresses immortelles
Ton sein toujours ouvert aux nobles voluptés ?

Est-ce ce beau palais aux tourelles gothiques,
A la flèche hardie, aux créneaux fantastiques,
Que du vieux Jean Ruysbroeck éleva l'art profond?

Est-ce la cathédrale et sa superbe masse? —
Non; l'objet est moins haut, Enfant, c'est dans la place
Le pavé sur lequel coula le sang d'Egmont.

FRANÇOIS DE THOU

1642

... Infelicem nimium dilexit amicum.

VIRGILE.

A MISS HARVEY.

J'ai vu la jeune nymphe au front pur et serein,
L'Amitié folâtrer, comme en un jour de fête,
Avec les blanches fleurs qui couronnaient sa tête
Et qui faisaient guirlande autour de son beau sein;

Et chaque douce fleur qui passait sous sa main,
Tendrement rappelait à son âme discrète
Les rapides moments de volupté secrète
Que son miel fait goûter au pauvre genre humain.

Mais las ! il en vint une, une de sang tachée,
Et d'un si sombre éclat, que la vierge penchée
Ne put la voir sans trouble, et son œil aussitôt

Se remplissant de pleurs baigna la fleur charmante,
La fleur jadis cueillie au pied de l'échafaud,
Où du noble de Thou s'exhala l'âme aimante.

LORD FALKLAND

1643

> Toi, vertu, pleure si je meurs.
>
> ANDRÉ CHÉNIER.

Le meurtre avait dicté ses arrêts souverains :
Le sang noir à longs flots trempait la terre humide,
Et près de leurs coursiers, étendus sur les reins,
Les morts montraient au ciel leur visage livide.

Les uns étaient tombés sous la balle rapide,
Chantant l'hymne sacré des sombres puritains ;
Les autres, soutenant l'étendard intrépide
Que Charles disputait à des sujets hautains

Tous étaient morts croyant à leur cause chérie.
Un seul plus malheureux, dans cette boucherie
N'avait eu que l'honneur pour bannière et pour foi ;

C'était Falkland : vertu, porte au ciel sa grande âme.
En vain la liberté l'inondait de sa flamme,
Silencieusement il mourait pour le Roi.

JEAN ROTROU

1640

> *Il sut*, d'une âme belle et forte,
> En la terre mourir pour vivre dans le ciel.
>
> MALHERBE.

A ÉVARISTE BOULAY-PATY.

Père de Venceslas, émule de Corneille,
Qui ne t'aimerait point, magnanime rimeur,
Toi de qui le trépas accroît encor l'honneur
Que t'ont fait les beaux chants, fruits heureux de ta veille!

Vainement sur ton front, poétique merveille,
D'un mal contagieux passe l'air destructeur,
Tu restes près des tiens, magistrat protecteur,
Pour calmer du fléau la rigueur sans pareille.

Ah! lorsque je te vois, ferme au poste, mourir
Malgré la Muse et ceux qui te disaient de fuir,
Bon Rotrou! Je comprends ta sublime harmonie,

Et pourquoi tant de vers si tendres et pieux
Abondaient sur ta lèvre et jaillissaient aux cieux ;
Le cœur était la source où puisait le génie.

MATHIEU MOLÉ

1656

> Impavidum ferient ruinæ.
>
> HORACE.

A M. H. RIVOIRE.

Il eut un cœur d'airain celui qui le premier
Contempla d'un œil sec la vague bondissante,
Et le ciel ténébreux, et la foudre luisante,
Et les monstres nageants, et l'écueil meurtrier,

Et qui, faisant d'un chêne un navire grossier,
Seul, en butte aux assauts de l'onde frémissante,
Sous les coups redoublés d'une rame puissante
Courba les larges reins de l'Océan guerrier.

Mais certe il eut le cœur encore plus robuste,
L'homme qui, toujours prêt à mourir pour le juste,
Comme toi, vieux Molé, l'honneur des magistrats,

Entendit sans frayeur l'océan populaire
Mugir, et qui, bravant l'émeute sanguinaire,
Contint ses vastes flots sans reculer d'un pas.

MATHIEU DÉSUBAS

1746

> Mis à mort le 2 février 1746, à l'âge de 26 ans, pour avoir exercé le culte protestant dont il était ministre : les mémoires du temps disent que lorsque la sentence fut prononcée, les juges pleuraient et l'intendant aussi.

A. M. CHARLES COQUEREL.

Que pour se garantir de l'horrible couteau,
Et préserver ses biens d'une implacable guerre,
L'homme ait armé la loi d'un glaive sans fourreau,
Vu son épais limon, cela ne surprend guère;

Mais que la sainte Église, humble et douce bergère,
Afin de ramener les brebis au troupeau,
Ait fait un dur appel à la main séculière,
Voilà ce qui rend triste et trouble le cerveau.

O ciel ! espérons tous que les races futures,
Pour leur foi n'auront plus à subir de tortures ;
Que Rome pour toujours a désarmé son bras ;

Et qu'on ne verra plus le contraste farouche
D'un juge apitoyé condamnant de la bouche
Celui qu'au fond de l'âme il absolvait tout bas.

LÉOPOLD DE BRUNSWICK

1785

> Πολλα σε μουσοπόλοι μέλ
> ψουσι. . . . . . .
>
> EURIPIDE.

Un brave homme est pour moi chose belle et touchante ;
Qu'il sorte du bas peuple ou descende des rois,
Quand je vois un brave homme aussitôt je le chante
Du profond de mon cœur et du fort de ma voix.

Et tu le fus, Brunswick ! quand, sur ta nef penchante,
Voulant ravir aux flots de pâles villageois,
Tu rencontras, hélas ! la mort sombre et méchante
Sur les vagues roulant de féroces abois.

Ah! ce jour fut empreint d'une beauté divine ;
Cœur de peuple battit en royale poitrine :
Un grand se dévoua comme un pauvre apprenti.

Brave prince, l'Oder, d'une onde impure et noire
Couvrit ton noble corps ; mais le flot de l'oubli
Ne passera jamais sur ta sainte mémoire.

LE JEUNE BARRA

1792

> Ingentes animos angusto in pectore...
> VIRGILE

A DAVID, STATUAIRE.

C'était le triste temps où la guerre inhumaine
Ensanglantait le sol de la Vendée en feux ;
Un enfant de treize ans, déjà soldat des bleus,
Tombe aux mains d'une bande errante dans la plaine.

Soudain sur son front pâle et son sein hors d'haleine
Vingt mousquets font briller leurs poignards anguleux
« Brigand : Vive le Roi ! sinon nos bras nerveux
Épuisent aussitôt tout le sang de ta veine. »

Mais l'intrépide enfant, menacé du trépas,
Semblait ne pas entendre et ne répondait pas;
Il restait immobile ainsi qu'un marbre antique.

L'ange du peuple alors passait devant ses yeux;
Il le vit, et criant : Vive la République!
Il tomba sous les coups des Chouans furieux.

LAFAYETTE

1792

> Integer vitæ. . . . . .
> HORACE.

De même que, la nuit, l'astre au front argenté
A travers la grande ombre et le feu des orages
Flotte toujours limpide, et sans que les nuages
De leurs noires vapeurs altèrent sa clarté ;

De même, ô Lafayette ! honneur de la cité,
Ton âme blanche, au sein du plus sombre des âges,
Traversa le pouvoir, le sang et les outrages,
Sans qu'une tache vînt souiller sa pureté.

Ah! d'autres chanteront l'enfant de la victoire,
D'autres du César corse exalteront la gloire;
Moi je célébrerai l'ami de Washington,

Et je dirai : Lui seul, dans ses grâces antiques,
A nos regards ingrats fit reluire un rayon
Du soleil immortel des jeunes Amériques.

MADAME ROLAND

1793

> C'est d'un grand cœur d'espérer toujours.
> TITE LIVE.

Qu'il est beau d'être ferme en sa foi dans le bien,
De ne jamais au doute abandonner son âme,
Et, malgré le ciel noir et l'orageuse flamme,
De croire à la splendeur du monde aérien !

Ainsi, lorsque naguère une séquelle infâme,
Tuant la liberté dans chaque citoyen,
Envoyait au bourreau son terrible soutien,
L'âme de la Gironde, une éloquente femme,

Elle pleine de calme et de sérénité,
Du haut du sombre char vers la mort emporté,
Voyait un peuple vil applaudir à ces crimes;

Et son grand cœur, devant tant de brutalité,
Ne désespérait point, et ses lèvres sublimes
Te bénissaient toujours, ô sainte liberté!

KOSCIUSKO

1794

> Αμυνόμενον περι πάτρης,
>
> Homère.

Quand les bras épuisés en efforts superflus,
Tout inondé de sang, et vaincu par le nombre,
O noble Kosciusko! d'une voix triste et sombre
Tu crias en tombant : La Pologne n'est plus!

Alors tu crus mourir. Mais du sein des élus
Dieu veillait sur tes jours dans ce fatal encombre,
Et la mort, regagnant les royaumes de l'ombre,
Respecta ton grand cœur plein d'antiques vertus.

Ainsi de la patrie, ô guerrier magnanime!
Ainsi de ta Pologne, innocente victime,
Toujours comme Jésus traînée au Golgotha :

Son front échevelé qui gît dans la poussière
A beau nous sembler morne et froid comme la pierre,
Dieu lui garde la vie et le relèvera.

MARCEAU

1796

> Fior degli heroi. . . .
> TORQUATO TASSO.

'AU CAPITAINE CASSÉ DE LAVELANET.

Un jour Mars, au début de l'une de ses fêtes,
Droit au front d'un héros pousse un plomb meurtrier,
Et voilà qu'au combat deux troupes toutes prêtes
De leurs vaillantes mains laissent tomber l'acier;

Et voilà qu'oubliant triomphes et défaites
Autrichiens et Français, crêpes noirs au cimier,
Confondent leurs drapeaux et, portant bas leurs têtes,
Honorent en commun les mânes du guerrier.

Ah! Victoire, tu peux t'entourer de vacarmes :
L'ivresse de tes chants ou le bruit de tes armes
Ne vaut pas l'honneur fait au cercueil de Marceau.

Heureux homme, il sortit jeune et pur de la vie,
Ame heureuse, il put voir s'unir sur son tombeau
Les pleurs de l'étranger aux pleurs de la patrie.

HUBERT GOFFIN

1812

> Un brave homme ne pense à lui qu'en dernier.
>
> SCHILLER.

Terre aux flancs caverneux, resserre tes parois,
Entre le ciel et l'homme accumule l'encombre;
Et vous qui bouillonnez dans les gouffres étroits,
O vagues! redoublez votre murmure sombre!

Jets d'eau, éboulements, vapeurs, fléaux sans nombre,
Vous pouvez pénétrer d'un effroi souverain
Les malheureux mineurs ensevelis dans l'ombre,
Et qui depuis cinq jours luttent contre la faim,

Jamais vous n'abattrez le cœur du vieux Goffin !
Jamais il ne perdra sa croyance sublime
En la puissance humaine et le secours divin :

Et quand l'air et le jour descendront dans l'abîme,
Quand les sauveurs viendront, l'intrépide ouvrier
Du ventre de la mort sortira le dernier.

THÉODORE KOERNER[1]

1813

> Agora toma a espada, agora a penna.
> CAMOENS.

« Poëtes, marions la lyre avec l'épée,
« Quand l'étranger vainqueur foule le sol natal,
« Et quand la liberté, mortellement frappée,
« Expire sous les pas d'un conquérant brutal !

« La muse ne peut plus avoir l'âme occupée
« Des rêves purs de l'art : Ah ! dans ce jour fatal
« La muse c'est Pallas de fer enveloppée,
« Poussant aux durs combats sur un chant martial ! »

Eh bien! va donc, rimeur! les lourds canons mugissent,
D'une lueur de sang les vastes cieux rougissent,
De vallons en vallons roulent les cris de mort;

La justice est pour toi, ta terre est usurpée :
Frappe, divin chanteur, et quel que soit ton sort,
Sois deux fois immortel par la lyre et l'épée.

MADAME DE LAVALETTE

1815

> Hail wedded love, mysterious law, true source
> Of human offspring. . . . .
>
> MILTON.

Dieu fait bien ce qu'il fait ; à l'esprit infernal
S'il livre quelquefois la terre douloureuse,
Il est réparateur, et sa main généreuse
Comme une fleur, soudain met le bien près du mal.

Ainsi, quand les flatteurs de l'homme impérial,
Lâchement reniaient sa gloire malheureuse,
On vit en ce moment de trahison honteuse
Briller un beau rayon du flambeau conjugal.

Et tu parus alors, Éponine nouvelle,
O tendre Lavalette, à la ruse immortelle!
Tu vins à l'échafaud dérober noblement

Les jours de ton époux, et ce saint dévoûment
Rasséréna le monde, et consola les âmes
Qui pliaient sous le poids des lâchetés infâmes.

SANTA-ROSA

1825

> Et dulces moriens reminiscitur Argos.
>
> VIRGILE.

Un temps fut où l'amour des choses immortelles
Poussait tous les grands cœurs aux murs du Parthénon ;
Et pour Athène esclave, on voyait un Byron,
Aigle à demi mourant battre encore des ailes.

Alors, triste exilé des rives paternelles,
Noble Santa-Rosa, patriote au doux nom,
Tu courais vers la Grèce, en invoquant Platon
Présenter ta poitrine au plomb des infidèles.

O Grèce renaissante, ô débris glorieux!
O mers où l'héroïsme, enfant aimé des cieux,
Jaillissait du flot pur comme Vénus la blonde!

O jours de dévoûment, si loin des jours présens,
Êtes-vous tous tombés dans le gouffre des ans?
Oh! n'est-il plus de fers à briser dans le monde?

LES MORTS DE JUILLET

1830

> Mourir pour le pays est un si digne sort...
> CORNEILLE.

Recevez, recevez l'hommage de ma voix,
Morts sacrés des trois jours, victimes du parjure,
Enfants du grand Paris qui pour venger l'injure
Avez rougi de sang le bouclier des lois!

Hélas! vos braves cœurs en venant sans effrois
Des balles affronter le terrible murmure
N'étaient peut-être pas tous exempts de souillure,
Plus d'un de la misère ayant porté le poids,

Peut-être.... mais le ciel a des mesures hautes ;
Un jour de dévoûment rachète bien des fautes,
La Mort a bien lavé des taches ici-bas.

Combattants des trois jours ! quand vous rendîtes l'âme
Sur vous le sacrifice avait passé sa flamme,
Et tous également Dieu vous prit dans ses bras.

DENIS AFFRE

1848

> O piteous spectacle, o bloody times!
> SHAKSPEARE.

Précédé seulement d'un verdoyant rameau,
Par l'éclat du canon, et le bruit de la balle,
Vers le sombre faubourg où le rouge drapeau
Dressait sur les pavés sa lueur infernale,

On le vit avancer, et sa voix cordiale
Disait à qui pour lui redoutait le tombeau :
Il me faut arrêter cette lutte fatale;
Le bon pasteur s'oublie et meurt pour son troupeau.

Hélas! hélas! la mort ne se fit pas attendre :
A peine laisse-t-il parler son âme tendre
Que le voilà frappé du plomb d'un furieux.

O prélat magnanime, ô rage meurtrière!
Un long cri de douleur retentit sur la terre,
Mais quel chant d'allégresse au royaume des cieux !

CHARLES-ALBERT

1849

> Italia fara da se.
>
> (*Paroles du Roi.*)

Prince, d'un œil d'amour et l'âme toute fière,
J'ai suivi ton essor au grand jour des combats,
M'écriant : l'Italie à l'Autriche guerrière
Va montrer avec toi ce que pèse son bras.

Le début fut heureux : sur la rouge poussière
Goïto vit rouler les tudesques soldats;
Mais, le succès bientôt trahissant ta bannière,
L'Aigle reprit courage et refoula tes pas.

N'importe, ce fut bien — tu descendis en plaine,
Tandis que, retranchés dans leur emphase vaine,
De faux tribuns mettaient le peuple en désarroi;

Tu péris à l'effort : mais la toute-puissance
En tient compte, et ta mort est la semence, ô Roi !
D'où sortira plus tard la fleur de délivrance.

AU CHRIST

O toi ! que dans un jour de sombre aveuglement,
Au milieu de bandits voués à la torture,
Un bourreau juif cloua sur une planche dure,
Et dressa dans les airs si misérablement,

O Jésus ! quel que soit le hardi jugement
Que l'humaine raison porte sur ta nature,
Je finirai par toi : je veux que ta figure
De mes nobles héros soit le couronnement :

Car tous les dévoûments dans le tien se confondent,
A tes divins soupirs tous les soupirs répondent,
Et les ruisseaux de sang qu'à longs flots écumeux

L'amour du bien versa sur la terrestre plaine,
Ont tous leur océan au pied du mont fameux
Où pour l'humanité s'ouvrit ta large veine.

FIN.

TABLE DES MATIÈRES

SATIRES DRAMATIQUES.

	Pages.
Érostrate	11
Pot-de-vin	61

CHANTS CIVILS ET RELIGIEUX.

Invocation	129
Hymne à la Terre	130
Hymne au Soleil	136
Hymne à la Nuit	139
Hymne à la Mer	141
Hymne aux montagnes	143
Hymne à la Liberté	148
Hymne au Travail	150
Hymne au Mariage	153
Chant Paternel	158
Hymne à l'Héritage	162
Hymne au Froment	167
Hymne à la Vigne	172

TABLE DES MATIÈRES.

	Pages.
Hymne à la Patrie	176
Chant de Victoire	179
Chant du Poëte	182
Chœurs des Savants	185
Hymne à la Charité	189
Hymne à la Résignation	192
Hymne à l'Amitié	196
Chant des Vieillards	198
Hymne à la Mort	203
Hymne aux Tombeaux	205
Hymne à Dieu	211
Épilogue	216

RIMES HÉROIQUES.

Prologue	221
Geneviève de Nanterre	223
Modestus	225
Poland	227
Héloïse	229
Nicolas Rienzi	231
Arnold de Winkelried	233
Jeanne d'Arc	235
Christophe Colomb	237
Barthélemy de Las Casas	239
Jérome Savonarole	241
André Doria	243
Le comte d'Egmont	245
François de Thou	247
Lord Falkland	249
Jean Rotrou	251

TABLE DES MATIÈRES.

	Pages.
Mathieu Molé	253
Mathien Désubas	255
Léopold de Brunswick	257
Le jeune Barra	259
La Fayette	261
Madame Roland	263
Kosciusko	265
Marceau	267
Hubert Goffin	269
Théodore Kœrner	27
Madame de Lavalette	273
Santa-Rosa	275
Les morts de Juillet	277
Denis Affre	279
Charles-Albert	281
Au Christ	283

PARIS. — IMPRIMERIE J. CLAYE ET Cⁱᵉ, RUE SAINT-BENOÎT, 7.

www.ingramcontent.com/pod-product-compliance
Lightning Source LLC
Chambersburg PA
CBHW070742170426
43200CB00007B/612